Leiden verwandeln

Glück schenken

Tokmé Zongpo / Ken McLeod

Leiden verwandeln Glück schenken

37 Übungen für das Auf und ab des Lebens

Herausgegeben von Sylvia Wetzel

Übersetzung aus dem amerikanischen Englisch von Sabine Müller

Übersetzung der Verse von Sylvia Wetzel

edition steinrich

Bibliografische Information der Deutschen Bibliothek:
Die Deutsche Bibliothek verzeichnet diese Publikation in der Deutschen Nationalbibliografie; detaillierte bibliografische Daten sind im Internet über http://dnb.d-nb.de abrufbar.

www.edition-steinrich.de

Titel der Originalausgabe: *Reflections on Silver River. Tokmé Zongpo's Thirty-Seven Practices of a Bodhisattva*
Erschienen bei: Unfettered Mind Media, Pragmatic Buddhism, Los Angeles, USA

Übersetzung: Sabine Müller
Herausgabe, Lektorat und Übersetzung der Verse: Sylvia Wetzel
Durchsicht: Vera Stein
Umschlaggrafik: © Marita Wiemer, 2-2009 ohne Titel WKV 157, www.marita-wiemer.de
Umschlaggestaltung: Grafikbüro Schadenberg, Berlin
Gestaltung und Satz: Traudel Reiß
Druck: Westermann Druck Zwickau
Printed in Germany

ISBN 978-3-942085-71-7

Inhalt

Vorwort von Sylvia Wetzel

Ken McLeods Übersetzung der Verse von Tokmé Zongpo vom Silberfluss und sein sehr persönlicher und poetischer Kommentar sind für mich ein Schlüssel zu diesem Text geworden. Ich kenne die Verse seit über dreißig Jahren und habe sie immer wieder als zu streng und anspruchsvoll beiseitegelegt. Seine radikale Interpretation der Praxis des Nehmen und Gebens, tib. *tonglen*, eröffnete mir eine völlig neue und sehr fruchtbare Perspektive auf das Umgehen mit schwierigen Erfahrungen. Und auch seine These, dass alle tiefen spirituellen Texte eigentlich Gedichte oder zumindest poetische Prosa sind. Philosophische Texte und Kommentare zu buddhistischen Themen sind nützlich, doch Verse, die unser Herz berühren, können ein Tor zu einem tieferen Verstehen mit Leib und Seele werden. Ich habe die Verse in meiner meditativen Auszeit im Frühjahr 2015 übersetzt und seither immer wieder damit meditiert. Ich freue mich sehr, dass nun mit seinem Segen eine deutsche Übersetzung seines Kommentars in der edition steinrich erscheint.

Ken McLeod übersetzt tibetisch-buddhistische Schlüsselbegriffe sehr kreativ und experimentiert mit unterschiedlichen englischen Varianten. Das macht die Übersetzung ins

Deutsche zu einer großen Herausforderung. Ich habe mir daher erlaubt, zum besseren Verständnis des Textes einige Anmerkungen und ein Glossar beizufügen. Ich danke Sabine Müller für den Vorschlag, dieses Buch auf Deutsch herauszubringen, und für ihre Übersetzung sowie Vera Stein für ihre gründliche Durchsicht meiner überarbeiteten Fassung.

Sommersonnenwende 2019

Sylvia Wetzel

Einführung von Ken McLeod

Wenn es besser für mich ist, krank zu sein,
gib mir die Kraft, krank zu sein.
Wenn es besser für mich ist, gesund zu werden,
gib mir die Kraft, gesund zu werden.
Wenn es besser für mich ist, zu sterben,
gib mir die Kraft, zu sterben.

In diesem Gebet begegnete mir Tokmé Zongpo vom Silberfluss (tib. *rngul-chu thogs-med bzang-po)* zum ersten Mal. Man hatte mich gebeten, den Text *Der Große Weg des Erwachens (The Great Path of Awakening)*, Jamgön Kongtrüls Kommentar zum Geistestraining in sieben Punkten, zu übersetzen. Kongtrül zitierte dieses Gebet, als Ergänzung zu seiner Unterweisung über das Thema »Gib Erwartung[1] und Furcht auf«. Es war das seltsamste Gebet, das ich je gelesen hatte. Es ergab

1 Den englischen Begriff »hope« haben wir hier mit »Erwartung« übersetzt, denn der Begriff Hoffnung ist im christlich-abendländischen Verständnis eher positiv besetzt, als grundsätzliche Zuversicht jenseits von Überschätzung und Resignation. Vgl. Pieper 2012, Wetzel 2017. Zuversicht und Vertrauen gelten auch im Buddhismus als zentrale Bedingungen für den Weg.

keinen Sinn für mich. Warum sollte ich dafür beten, krank zu sein? Warum sollte ich dafür beten zu sterben? Es fehlte eine Quellenangabe, wie sonst üblich in religiösen Texten aus Tibet. Ich wusste nicht, woher das Gebet kam oder wer es verfasst hatte. Schließlich übersetzte ich es einfach und dachte nicht weiter darüber nach.

Die nächste Begegnung fand während meiner ersten Dreijahres-Klausur[2] in Frankreich statt. Unser Klausurleiter gab uns Tokmé Zongpos »37 Bodhisattva-Übungen« (tib. *rgysal-sras lag-len so-bdun-ma*) und empfahl uns, sie zu studieren. Es war offensichtlich ein Text aus dem *Lamrim* – eine Darstellung des Mahayana-Stufenweges, wie er in der tibetischen Tradition verstanden und geübt wird. Die meisten Texte dieser Art haben hunderte von Seiten, und der Inhalt besteht überwiegend aus dem gleichen Material, mehr oder weniger detailreich, je nach Verfasser. Aus meiner Perspektive hatten die 37 Übungen den einzigen Vorteil, dass sie glücklicherweise in nur 37 Versen eine kurze Zusammenfassung des ganzen Weges skizzierten.

Ich studierte in diesem Retreat viele unterschiedliche Texte und setzte für mich schrittweise das verschachtelte barocke Mosaik des tibetischen Buddhismus zusammen. Tokmé Zongpo tauchte weiterhin an seltsamen Orten für mich auf. Obwohl er über Jahrhunderte offensichtlich beträchtlichen Einfluss gehabt hatte, war ich aber zunächst zu sehr mit mei-

2 Wir übersetzen den englischen Begriff »Retreat« je nach Kontext manchmal auch mit Klausur oder Rückzug.

nen eigenen Herausforderungen beschäftigt, um einem weiteren mittelalterlichen Gelehrten Aufmerksamkeit zu schenken, der noch einen weiteren Text über den Bodhisattva-Weg geschrieben hatte.

Durch das intensive Üben im Retreat brachen tiefliegende Blockaden in mir auf, und das führte zu einem körperlichen und emotionalen Zusammenbruch. Ich war oft zu krank, um die empfohlenen Übungen zu machen, und was auch immer ich las, half nicht. Auch die Ratschläge meines Lehrers und des Klausurleiters halfen nicht. Ich konnte lediglich den körperlichen Schmerz und das emotionale Leid aushalten, das war alles. Mit wenig Erfolg versuchte ich, meinen Geist davon abzuhalten, Amok zu laufen. Weil mir nichts Besseres einfiel, befasste ich mich mit der Praxis des *Nehmens und Gebens* (tib. *gtong len*, Aussprache *tonglen*), einer Übung, die ich gut kannte. Im Kommentar von Kongtrül, den ich vor dem Retreat übersetzt hatte, begegnete mir wieder dieses seltsame Gebet:

Wenn es besser für mich ist, krank zu sein,
gib mir die Kraft, krank zu sein.
Wenn es besser für mich ist, gesund zu werden,
gib mir die Kraft, gesund zu werden.
Wenn es besser für mich ist, zu sterben,
gib mir die Kraft, zu sterben.

Jetzt sprachen die Verse zu mir. Körperlich ging es mir miserabel und emotional war ich in schlechter Verfassung. Ich hatte Angst, denn ich wusste nicht, wie es weitergehen sollte. Ich hoffte weiter auf einen Ausweg – auf irgendetwas, was auch immer, um Schmerz und Niedergeschlagenheit aufzulösen. Das Gebet konnte meinen körperlichen und emotionalen Schmerz zwar nicht verringern, ich wiederholte es aber einfach immer wieder und bemühte mich sehr, meinen Zustand anzunehmen. Ich übte weiter *Nehmen und Geben*. Diese Übung ist auch möglich, wenn man sehr krank oder aufgewühlt ist. Dann geschah etwas. Bis heute bin ich nicht sicher, was sich veränderte. Ich weiß nur, ich gab auf. Ich gab mein Leben auf. Ich gab jede Hoffnung auf, jemals wieder glücklich oder gesund oder erleuchtet oder erwacht zu sein. Diese Ziele waren so absolut weit weg, als gäbe es sie nicht.

An einem Frühlingstag stolperte ich aus meinem Zimmer an die frische Luft. Ich konnte kaum stehen und musste mich an einen Baum lehnen. Die Akazienbäume blühten, weiße Blüten leuchteten vor einem blauen Himmel. Die Wärme der Sonne verscheuchte die ständige Kühle unserer Zellen aus Beton. Ich sah mich um, fühlte mich in der Freude des Moments ruhig und im Frieden mit dem Schmerz. Dann traf es mich. Darum ging es beim Üben, um nichts anderes! Das Leben schenkt dir unterschiedliche Erfahrungen. Jede Erfahrung hat unendlich viele Dimensionen. Kannst du sie alle erleben, ohne damit zu hadern? Wenn du das kannst, hört das Leiden auf. Das liegt so nahe, es ist so einfach, so tief und so wunderbar.

Auch nach dem Retreat waren meine Kämpfe nicht vorbei. Ich kehrte immer wieder zu diesem Gebet zurück. Irgendwann erfuhr ich zu meinem Erstaunen, dass Tokmé Zongpo es während einer langen und schweren Krankheit verfasst hatte, als er sich sehr schwach fühlte. Das Gebet bezog sich auf die Leiden eines Mönchs aus dem 14. Jhd., und dasselbe Gebet sprach auch zu mir. Tokmé Zongpo schien ein tiefes Verständnis von Menschsein zu haben. Ich begann ihn zu schätzen, denn plötzlich war er mehr als nur ein weiterer Gelehrter aus dem Mittelalter[3]. Er wusste, wie man das Gute und Schlechte des Lebens annimmt, ohne seine Menschlichkeit zu verlieren.

Tokmé Zongpo wurde 1295 in Zentral-Tibet geboren. Schon sehr früh wurde er Waise. Als er drei Jahre alt war, starb seine Mutter und der Vater zwei Jahre später. Dann lebte er bei seiner Großmutter. Als sie vier Jahre später starb, kam er zu einem Onkel. Von ihm lernte er Lesen und Schreiben, was selten war im 14. Jhd. in Tibet. Ermutigt von seinem Onkel trat er mit 14 Jahren in ein Kloster ein. Auch wenn er aus sehr einfachen Verhältnissen kam, entwickelte sich Tokmé Zongpo zu einem außergewöhnlichen Gelehrten, angesehenen Abt, hingebungsvollen Praktizierenden und zu einer Ikone des Mitgefühls.

Als junger Mönch der Kadampa-Tradition meisterte er schnell das klassische Curriculum. Mit 19 Jahren nannte man ihn den zweiten Asanga. Asanga, der große indische Meister aus dem 4. Jhd., war sein Namensvetter, denn Tokmé ist die tibetische Übersetzung von Asanga.

Das Leben in einem tibetischen Kloster im 14. Jhd. war

3 Der europäische Begriff Mittelalter bezieht sich hier auf soziale Herrschaftsstrukturen, die den europäischen Feudalverhältnissen entsprechen.

alles andere als leicht. Üblicherweise sorgten die Klöster für Essen und Unterkunft. Für alle weiteren Ausgaben – für persönliche Bedürfnisse bis zu Spenden für Lehre und Schulung – war ein Mönch auf Verwandte und Unterstützer angewiesen. Oder er musste Rituale und Einweihungen durchführen, um Spenden zu bekommen. Tokmé Zongpo hatte keine Verwandten, und seine bescheidene, zurückhaltende Art zog keine Mäzene an. Als er es schwer hatte, über die Runden zu kommen, riet man ihm, Rituale für die Dorfbewohner durchzuführen oder Einweihungen zu geben. Doch eine solche materialistische Haltung, spirituelle Zeremonien aus finanziellen Beweggründen durchzuführen, war für ihn undenkbar. Stattdessen schrieb er ein Gedicht, um sich selbst an die wesentliche Übung seines Weges zu erinnern. Dieses Gedicht kennen wir als die *37 Übungen eines Bodhisattva*.

Mit 32 Jahren wurde Tokmé Zongpo Abt des Klosters. Neun Jahre später lehnte er eine erneute Ernennung ab und bestand darauf, dass eine geeignetere Person gesucht werde. Er zog sich in eine Einsiedelei in Ngülchu (Silberfluss) zurück. Dort übte er für die nächsten zwanzig Jahre. In Tibet wurde sein Mitgefühl legendär. Bettler weigerten sich, von ihm Gaben anzunehmen, denn sie wussten, er würde sein letztes bisschen Gerstenmehl und sein letztes Gewand hergeben. Soldaten stellten in seiner Gegenwart das Kämpfen ein. Wölfe und Schafe spielten zu seinen Füßen friedlich miteinander.

Viele Jahre später, als ich in Los Angeles lebte, wollte ich Vorträge von Garchen Rinpoche besuchen. Er wusste genau, was Leiden war. Er kannte Leiden, die ganz anders waren als meine Herausforderungen im Retreat. Einige Jahre hatte er in einem chinesischen Gefängnis unter schwersten Bedingungen verbracht: harte Arbeit, Lumpen als Kleidung, unsägliches Essen. Einer der am meisten verehrten Dzogchen-Lehrer des 20. Jhd. war zu dieser Zeit im gleichen Gefängnis. Garchen Rinpoche konnte mit ihm studieren, obwohl es den Gefangenen nicht erlaubt war, miteinander zu sprechen. Mitteilungen und Anleitungen zum Praktizieren bestanden aus einzelnen geflüsterten Sätzen oder Worten beim Vorbeigehen im Flur. Heute strahlt Garchen Rinpoche Frieden und Mitgefühl aus, wie es nur aus tiefem Verstehen und tiefer Erfahrung kommen kann. Er verteilte Kopien der *37 Übungen eines Bodhisattva* an alle, die seine Unterweisungen hören wollten. Er schätzt diesen Text über alles.

Ich besorgte mir den tibetischen Text und las ihn aufmerksam. Dieses Mal konnte ich Tokmé Zongpo ganz anders wertschätzen. Seine Sprache war klar und seine Empfehlungen kompromisslos.

Sinnesfreuden sind wie Salzwasser.
Je mehr du trinkst, desto durstiger wirst du.
Lass alle Dinge los, an denen dein Herz hängt, jetzt und sofort.
Das ist die Übung eines Bodhisattva.

Tokmé Zongpo begründet nicht ausführlich, warum Gier unbefriedigend ist. Er stellt einfach fest, was wir alle wissen, aber gerne vergessen. Die Gewohnheitsmuster, die mit Lust verbunden sind, sind heimtückisch: Wir wollen immer mehr.

Er sagt nicht: »Genieße nicht.« Er sagt nur: »Lass los.« Dieser Hinweis gilt für eine Tafel Schokolade genauso wie für die Glückseligkeit beim Meditieren. Beide Erfahrungen können zur Falle werden.

In einem anderen Vers schreibt er:

Selbst wenn dich jemand vor aller Augen demütigt und verrät,
sieh diese Person als deine Lehrerin[4] an
und ehre sie voller Respekt.
Das ist die Übung eines Bodhisattva.

Scham ist ein sehr kraftvolles Gefühl. Stell dir vor, du wirst öffentlich beschämt. Kannst du dir vorstellen, das geduldig zu ertragen? Kannst du die Person, die dich erniedrigt, dafür schätzen, dass sie dich intuitiv mit deinem täuschenden Ichgefühl in Verbindung bringt? Kannst du dir vorstellen, sie dafür zu achten? Seine kompromisslose Beschreibung zeigt, worin die Herausforderung besteht: Kannst du erleben, was dir das Leben beschert, ohne zu reagieren? Betrachtet man das Leben von Tokmé Zongpo, so hat er seine eigenen Anweisungen wohl ernst genommen. Die meisten von uns schütteln bloß den Kopf und lächeln betreten über diesen Vers, es sei denn, wir spüren, wie uns die Angst in der Tiefe einen Stich versetzt.

Die 37 Übungen handeln vom Bodhisattva-Weg. Was ist

4 Aus Wertschätzung für die viele weiblichen Übenden und Leserinnen erlauben wir uns, hin und wieder die weibliche Form zu verwenden.

ein Bodhisattva? Eine Antwort lautet: Ein Bodhisattva ist jemand, der oder die Mitgefühl lebt und ausstrahlt. Mitgefühl wird normalerweise als Gefühl verstanden. Aber das Mitgefühl eines Bodhisattva ist kein Gefühl. Es ist kein Mitleid. Es ist eine Qualität des Gewahrseins, jenes Wissens, das der Kern unseres Menschseins ist. Die meisten Menschen haben diese Art von Mitgefühl schon einmal erlebt. Es sind Momente, in denen Herz und Geist völlig klar sind und wir einfach auf das antworten, was gerade gebraucht wird.

Solche Erfahrungen können geschehen, wenn eine Freundin oder ein Familienmitglied einen schweren Verlust erleidet – den Tod eines Kindes, das Ende einer Beziehung oder eine Naturkatastrophe, die das Zuhause oder das Leben zerstört. In solchen Momenten stehen wir unserer Freundin bei. Wir sitzen vielleicht ruhig bei ihr, in stiller Verbundenheit. Wenn wir sprechen, wissen wir nicht, woher die Worte kommen, doch sie kommen. Im Nachhinein erscheinen uns solche Momente magisch, intim. Wir erleben eine Intimität, in der wir ganz bei der anderen Person sind, ein Mitgefühl, das frei von Mitleid, Bewerten, Sentimentalität oder Verzweiflung ist. Da haben wir kein Gefühl von »ich« und »andere«. Wir sind einfach da, völlig bewusst und gegenwärtig.

Man bezeichnet einen Menschen als erwacht, wenn er gezielt in dieses Gewahrsein, in diese Art von Erleben eintreten kann. Das Wort *bodhi* bedeutet »Erwachen« und *sattva* bedeutet »Wesen«. Ein Bodhisattva ist also jemand, der oder die erwacht ist oder das anstrebt. Aus dem Gewahrsein antwortet man mühelos auf den Schmerz und die Leiden der anderen, so gut wie es im eigenen Leben möglich ist. Mit anderen Worten, ein Bodhisattva lebt Mitgefühl und strahlt es aus.

Das ist natürlich ein Ideal und wie jedes Ideal unmöglich zu erreichen. Wir scheitern zwangsläufig und werden wieder und wieder scheitern. Durch wiederholtes Bemühen finden wir einen Weg im Leben, der uns zu einem tiefen Annehmen des Menschseins führt. Dabei zeigt uns das Streben nach einem Ideal unausweichlich unsere Begrenztheit. Die wirklichen Herausforderungen, denen wir im Leben begegnen, sind unsere eigenen Begrenzungen. Durch sie finden wir unseren Weg. Suzuki Roshi sagt in *Zengeist, Anfängergeist*:

> Gerade in euren Unvollkommenheiten werdet ihr die Grundlage für euren festen, den Weg suchenden Geist, entdecken.[5]

Mit dieser Akzeptanz erkennst du die Würde des Menschseins. Sie drückt sich als tiefe Wertschätzung des Lebens selbst aus. Leo Strauss, einer der führenden Philosophen des 20. Jhd. schreibt:

> Wenn uns die Würde des Geistes bewusst wird, erkennen wir die wahre Grundlage der menschlichen Würde und damit die Gutheit der Welt, ob wir sie als geschaffen oder nicht geschaffen ansehen. Sie ist das Zuhause des Menschen, weil sie das Zuhause des menschlichen Geistes ist.

5 Suzuki Roshi, *Zengeist, Anfängergeist*. Theseus Verlag 2001, S. 42.

Der Weg der Bodhisattvas ist ein Weg der inneren Klarheit. Diese Klarheit drückt sich als Mitgefühl aus. Durch sie können wir den Herausforderungen des Lebens mit all unseren Fähigkeiten und Möglichkeiten begegnen. Wenn wir dazu in der Lage sind, das, was uns das Leben beschert, völlig zu erleben, geraten wir nicht in den Strudel unserer reaktiven Emotionen. Wenn wir die Freuden, Sorgen und den Schmerz des Lebens erleben können, ohne davon überschwemmt zu werden und ohne sie zu unterdrücken, sind wir frei, beziehungsweise so frei, wie Menschen sein können.

Was ist das für eine Freiheit? Die meisten Menschen denken bei Freiheit daran, tun und lassen zu können, was sie wollen oder frei von Unannehmlichkeiten, Pflichten oder Verantwortung zu sein. Das sind kindliche Vorstellungen von Freiheit. Sie kommen aus dem Bedürfnis nach Kontrolle über unser Erleben. Die Illusion der Kontrolle ist ein Indikator dafür, dass Freiheit fehlt. Solange wir Menschen sind, sind wir nie frei, das zu tun, was wir wollen. Wir sind auch nie frei von Schmerz und Unannehmlichkeiten. Die Freiheit der Bodhisattvas dreht sich nicht um »Freisein, um zu ...« oder »Freisein von ...«. Es geht nicht darum, das Leben zu verstehen und zu kontrollieren. Es geht um eine Freiheit, die entsteht, wenn wir akzeptieren, dass Leben einfach Leben *ist*. Erst dann sind wir wirklich empfänglich für den Schmerz und die Leiden der anderen.

In den *37 Übungen* beschreibt Tokmé Zongpo seinen eigenen Weg, als einen Weg mit 37 Stationen. Er will dadurch das Geschick und die Fähigkeiten entwickeln, sich, ohne zu hadern, den Herausforderungen des Lebens zu stellen. Die Verse sind kompromisslos in ihrer Missachtung der konventionellen Vorstellungen von Erfolg und Misserfolg. Das löst im Leser und in der Leserin von heute vielleicht ein Gefühl von Unzulänglichkeit aus. Es erscheint kaum vorstellbar, wie jemand eine solche Lebenseinstellung haben kann. Tokmé Zongpo schrieb diese Verse als Erinnerung für sich selbst, um über sein eigenes Gefühl dessen, was möglich ist, hinaus zu gelangen. Abgesehen davon, dass er ein außerordentliches Beispiel abgab, fühlte er sich wahrscheinlich genauso unzulänglich wie du[6] oder ich.

Der Text folgt einer klassischen Form. Tokmé Zongpo beginnt mit einer traditionellen Anrufung in Sanskrit an Lokeshvara, die Gottheit oder mystische Figur, die das Ideal des erwachten Mitgefühls im Buddhismus des indischen Mittelalters[7] verkörpert. In den einführenden Versen drückt er seine Verehrung für Lokeshvara und seine Lehrer aus und erklärt die Absicht, mit der er sein Gedicht schrieb. Die folgenden 37 Verse beschreiben die wesentlichen Punkte der Bodhisattva-Übung. In den abschließenden Versen folgt er einem traditionellen Schema: eine Neuformulierung der Absicht, eine Bitte um Nachsicht für mögliche Fehler und eine Widmung.

Heutzutage üben viele Menschen Meditation und befassen sich mit Buddhismus mit der Vorstellung, dadurch bessere Menschen, leistungsfähiger bei der Arbeit und erfolgreicher im Leben zu werden. Tokmé Zongpo würde einen solchen

6 Da sich der Text an Menschen richtet, die üben wollen, übersetzen wir das mehrdeutige englische »you« – du, ihr, Sie – meist mit dem eher persönlichen »du«.

7 Siehe Fußnote 3, Seite 13.

zweckorientierten Ansatz nicht verstehen. Die hier beschriebene spirituelle Übung bezieht sich nicht darauf, ein besserer Mensch zu werden. Es geht auch nicht darum, besondere Fähigkeiten zu erwerben und effektiver zu werden. Es geht um einen Weg, zufrieden mit dem eigenen Leben zu sein und frei, auf andere in angemessener Weise zu reagieren.

Wenn deine Übung reift und tiefer wird, können alte Wunden an die Oberfläche kommen und heilen. Vielleicht wirst du auch leistungsfähiger und zugänglicher in der Begegnung mit anderen. Das sind Nebeneffekte der spirituellen Praxis. Hältst du sie für das Ziel der Übung, reduzierst du die Praxis auf eine Art Selbstverbesserung. Die Ausrichtung auf dich selbst trennt dich vom Leben ab. Du beschränkst damit die Möglichkeiten, das verwirrende und rätselhafte Geheimnis des Menschseins anzunehmen.

Die Anleitungen von Tokmé Zongpo und sein eigenes Leben geben ein ganz anderes Bild. Wir können beim Lesen der Verse spüren, dass er mit sich selbst genauso sprach wie mit anderen. Es ging ihm nicht um Ruhm oder Glück. Als Abt wurde er respektiert. Er verließ ein Leben der Sicherheit. Die meiste Zeit seines Lebens verbrachte er im Rückzug. Obwohl er in der tibetisch-buddhistischen Tradition als ein Musterbeispiel für Mitgefühl angesehen wurde und wird, spürte er selbst wohl, dass er sein Ideal noch nicht erreicht hatte, und wollte sein Verständnis weiter vertiefen, still und bescheiden.

In den ersten neun Versen geht es um Disziplin und um Übungen, die die Grundlage für ein spirituelles Wachstum schaffen. Er rät uns, diese Möglichkeiten wertzuschätzen und bereit zu sein, wesentliche Veränderungen im eigenen Leben vorzunehmen, innerlich und auch äußerlich. Das bedeutet nicht, dass du deine Lebensweise ändern musst. Viel wichtiger ist die Änderung deiner Haltung zum Leben und die Art und Weise, wie du es lebst. Um diese Veränderungen zu unterstützen, brauchst du Bedingungen, die dich von Chaos und Verwirrung befreien.

Schenke Störungen keine Beachtung,
dann lösen sich reaktive Emotionen auf.
Lass dich nicht ablenken, dann wirkt die spirituelle Übung.
Halte dein Gewahrsein klar und lebendig,
dann wächst Vertrauen in den Weg.
Vertraue dem Schweigen.
Das ist die Übung eines Bodhisattva.

Wähle deine Freunde und Freundinnen, deine Mitarbeiter und Mitarbeiterinnen sorgfältig aus, denn sie beeinflussen dich, zum Guten oder zum Schlechten. Achte nicht darauf, was andere für wichtig halten. Halte dich an deine Absichten und tu dein Bestes.

Im nächsten Abschnitt von Vers 10 bis 18 wird die Übung *Nehmen und Geben (Tonglen)* eingeführt.[8] Dabei stellst du dir vor, den andern ihr Leiden abzunehmen beziehungsweise es auf dich zu nehmen und ihnen dein eigenes Glück zu schenken.

Tausche daher dein Glück ein für das Leid der anderen.
Das ist die Übung eines Bodhisattva.

Auf den ersten Blick ist das eine absurde Vorstellung. Das gilt besonders in der heutigen Zeit, in der wir stark darauf konditioniert sind, als Lebenszweck nur auf unser eigenes Glück zu achten, ob materiell, emotional oder spirituell. Wir sind außerstande, reaktive Emotionen[9] wie Ärger, Eifersucht, Scham, Gier, Angst und viele andere zu tolerieren, die auftauchen, wenn unser Glück oder Wohlbefinden gefährdet ist. Durch die Übung des *Nehmens und Gebens* verstärken wir die Intensität dieser Gefühle um ein Vielfaches, indem wir uns vorstellen, wir nehmen das Leiden der anderen auf uns und geben ihnen unser eigenes Glück. Das ist, als rieben wir zwei Stöcke

8 Man kann beim Annehmen von Leid zwei Aspekte unterscheiden: Wir nehmen anderen ihr Leid *ab* und nehmen es *an*. Wir können ausprobieren, was besser funktioniert. Hier im Text liegt die Betonung auf dem Annehmen.

9 Der Buddhismus unterscheidet drei Grundgefühle – angenehm, unangenehm, neutral –, die von körperlichen oder emotionalen Erfahrungen ausgelöst werden können, und spricht dann von einem heilsamen oder unheilsamen Umgehen damit. Für das unheilsame Umgehen verwenden wir den Begriff reaktive Emotionen. Es gibt keinen Oberbegriff für alle Emotionen.

aneinander. Ein Stock ist unsere gewohnheitsmäßige Ichbezogenheit. Der andere ist die Bezogenheit auf die anderen im *Nehmen und Geben*. Irgendwann fangen beide Stöcke Feuer und verglühen und wir bleiben bodenlos, klar und empfänglich, frei von Anhaftung an irgendein Zentrum. Wir können diese Übung im Licht der drei Fragen betrachten, die der weise Rabbi Hillel, der Ältere formulierte:

Wenn ich nicht für mich bin, wer ist dann für mich?
Wenn ich aber nur für mich selber bin, wer bin ich dann?
Wenn nicht jetzt, wann dann?

Wir können nicht ignorieren, dass wir im Leben alleine sind, aber ebenso wenig, dass ein Leben ohne Beziehungen kein Leben ist, zumindest kein menschliches Leben. Genauso wenig können wir ignorieren, dass wir nie wissen, wie viel Zeit uns noch bleibt, um unsere Beziehung zum Leben zu ändern. Sie haben zwar in unterschiedlichen Zeiten und Kulturen gelebt, aber selbst das hätte wohl den alten jüdischen Gelehrten und den mittelalterlichen tibetischen Mönch nicht daran gehindert, sich gut zu verstehen.

Wir haben alle schon erlebt, dass uns jemand Schaden zufügte, uns unfreundlich behandelte oder uns verletzte, mit oder ohne Grund. In den Versen 11 bis 18 erklärt Tokmé Zongpo, wie er mit solchen Situationen umgehen will. Er bringt uns direkt in Kontakt mit unseren nackten Gefühlen: Verletzung, Wut, Fassungslosigkeit, Scham und Angst. Das sind kraftvolle Empfindungen und üblicherweise reagieren wir mit Wut, betrachten die Person, die uns angegriffen hat, als Feind und wollen Vergeltung. In Vers 12 beschreibt er die Situation, in der uns jemand all unseren Besitz stiehlt. Es kommt selten vor, dass uns alles gestohlen wird, was wir besitzen. Aber ob jemand etwas Kleines stiehlt oder etwas, was wir sehr schätzen, wir haben das gleiche Gefühl: Verletzung, Ärger und Fassungslosigkeit. In Vers 14 überlegt er, was geschieht, wenn jemand üble Gerüchte über uns verbreitet und wir hilflos zuschauen müssen, wie unser Ansehen beschmutzt und zerstört wird, etwas, was uns allen aufgrund der modernen Technologien jederzeit geschehen kann.

Tokmé Zongpo betont, dass es nicht um Rache oder Vergeltung geht. Er nimmt eine andere Haltung ein. Angenommen jemand verletzt uns, weil er oder sie leidet. Tokmé Zongpo empfiehlt, dass wir uns mit dem Schmerz der Person verbinden und aus dieser Haltung heraus handeln. Jemand bestiehlt uns, weil er in Not ist. Stell dir vor, du gibst ihm noch mehr. Eine Person verleumdet dich, weil sie sich verletzt, neidisch oder gekränkt fühlt. Stell dir vor, sie zu loben. Diese Haltung ist zunächst kontraintuitiv. Dem Verstand erscheint das wenig sinnvoll. Wenn du es aber tatsächlich tust, erkennst du, dass alle leiden, auf die eine oder andere Weise. Es hilft niemandem, das Leiden der Welt blindlings zu vergrößern – weder deinem Feind noch anderen Beteiligten und auch dir nicht.

Um das Leid der Welt zu lindern, braucht es unterschiedliche Ansätze. Du kannst dich nicht auf das verlassen, was die reaktiven Emotionen dir sagen. Du musst vielmehr die Klarheit und Präsenz in der Situation selbst finden, frei von den Projektionen der Gedanken und Gefühle. Nur dann weißt du, ob du etwas tun kannst, und was das sein könnte.

Tokmé Zongpo will frei werden von der Tyrannei des Reagierens. Wach für das, was innen und außen erscheint. Der Weg, den er beschreibt, ist kein Weg zum Erfolg im konventionellen Sinne. Es ist ein Weg in die Freiheit für die, die das Leben auf eine andere Weise erfahren wollen.

In den Versen 19 bis 24 geht Tokmé Zongpo auf bestimmte reaktive Emotionen und auf das Wesen der Erfahrung ein. Normalerweise ist das Leben wie ein Trampolin – du springst von einer Reaktion zur nächsten. Unterdrückst du die Reaktionen, wird die Energie in den Körper verschoben. Mit der Zeit führt das zu körperlichen Schmerzen und zu Krankheit. Agierst du deine Emotionen aus, bringst du die Energie in die Welt. Dann erleben andere die reaktiven Emotionen an deiner Stelle. Mit der Disziplin des Übens hörst du auf umherzuspringen und bleibst wach im Erleben deiner Reaktionen, ohne sie zu unterdrücken und ohne sie auszuleben. Sie kommen und gehen wie Bilder oder Zeichnungen auf dem Wasser. Es ist ein schwerer Weg. Der erste Schritt besteht darin, emotionalen Reaktionen nicht nachzugeben. Tokmé Zongpo nennt hier die drei wichtigsten: Stolz, Wut und Verlangen.

Dann betrachtet er das Wesen der Erfahrung selbst. Was ist Erfahrung? Du kennst einen Teil der Antwort: Erfahrungen bestehen aus Gedanken, Gefühlen und körperlichen Empfindungen. Wenn du tief darin ruhst, erscheinen diese Bestandteile des Lebens und vergehen wieder wie Dunst, wie eine Luftspiegelung oder wie ein Traum im Raum des zeitlosen Gewahrseins oder der Erfahrung. Ab Vers 22 beschreibt Tokmé Zongpo diese Einsicht.

Alle Erfahrungen sind dein eigener Geist.
Der Geist selbst ist frei von den Begrenzungen der Begriffe.
Erkenne das und hänge nicht an der Zuschreibung
von Subjekt und Objekt.
Das ist die Übung eines Bodhisattva.

Wenn du die Nebel des Lebens kommen und gehen lassen kannst, entdeckst du eine innere Stille, einen inneren Raum, der immer da ist. Du entwickelst die Fähigkeit, darin zu ruhen und in die Stille zu schauen. Dann siehst du, dass dort absolut nichts ist. Diese Einsicht ist ein Schock. Wenn du sie erlebst, verändert das dein Verständnis davon, wer und was du bist, dramatisch. Du erkennst, dass es kein »ich«[10] an sich gibt, denn »ich« ist eine Ansammlung von Gedanken, Gefühlen und Empfindungen, die kommen und gehen. Bist du eine sich ständig neu organisierende Ansammlung? Bist du der Raum, das Gewahrsein? Bist du nichts davon? Bist du überhaupt irgendetwas? Angesichts solcher Fragen wirst du stumm, denn es gibt keine Antworten.

10 Wir sind gewohnt, den Begriff »ich« mit Artikel zu verwenden und damit als eine Art Ding, »ding-analog« zu denken. Das ist nicht angemessen. Wir schreiben daher hier meist »ich« klein und in Anführungszeichen. Den Hinweis verdanken wir dem Philosophen Ernst Tugendhat. Vgl. *Selbstbewusstsein und Selbstbestimmung* Suhrkamp 1979.

Bisher hast du dein Denken und deine Erklärungen der Welt sehr ernst genommen. Alle anderen machen das genauso. Jetzt werden diese Erklärungen selbst zu Nebel, der sich in unterschiedlicher Gestalt und Struktur bildet und neu bildet. Sie sind völlig bedingt und kontextabhängig. Wenn du in solchen Erklärungen lebst, verpasst du dein tatsächliches Leben. Dann lebst du in Verwirrung und damit beginnen die Probleme. Du erkennst, wie viel Kampf und Schmerz du anderen und dir selbst antust. Denn statt dich für die Erfahrung des Lebens selbst zu öffnen, lässt du dich von solchen Erklärungen über das Leben begeistern und verführen. Tokmé Zongpo sagt:

Alle Arten des Leidens sind wie ein Traum,
in dem dein Kind stirbt.
Hältst du Verwirrung für Wirklichkeit,
raubt dir das alle Kraft.

Der nächste Abschnitt von Vers 25 bis 30 bezieht sich auf die sechs Paramitas, eine Reihe von (sechs) Übungen, die in allen buddhistischen Mahayana-Traditionen bekannt sind. Tokmé Zongpo hält sich an die traditionelle Beschreibung: Sei großzügig, achte auf ethisches Verhalten, übe Geduld, übe voller Energie, entwickle stabile Aufmerksamkeit und entdecke Weisheit. Er macht sehr deutlich, wie tief jede dieser Übungen geht. Über Großzügigkeit sagt er:

Wer erwachen will, muss sogar seinen Körper loslassen.
Was müssen wir dann noch darüber reden,
Besitz zu verschenken?

Dabei bezieht er sich auf eine Geschichte über den Buddha, der in einem früheren Leben seinen Körper einer Tigerin opferte, die zu schwach war, ihre eigenen Jungen zu säugen. Solche mythischen Geschichten werden heutzutage oft missverstanden. Wir leben in einer Welt, in der die Menschen schnell alles wörtlich nehmen. Sie sehen nicht, dass diese Geschichten zum Gefühl sprechen, nicht bloß durch Worte. Wenn wir uns den Buddha vorstellen, wie er vor der Tigerin liegt und seinen Arm aufschneidet, damit sein Blut in ihr Maul tropfen kann, und er sich dann von ihr auffressen lässt, reagiert ein Teil von uns entsetzt. Doch ein anderer Teil fühlt sich von dieser besonderen Geste der Großzügigkeit tief berührt. Etwas in uns öffnet sich. Ein ähnliches Bild finden wir im Vers über Bemühen:

Hörer und einsame Verwirklicher[11]
üben nur zu ihrem eigenen Wohl,
und doch üben sie, als stünde ihr Kopf in Flammen.
Willst du allen Wesen helfen,
so widme dich mit aller Kraft deiner Übung.

11 Hörer sind im frühen Buddhismus Personen, die durch das Hören von Unterweisungen Befreiung erlangen. Einsame Verwirklicher erlangen ohne das Hören von Unterweisungen Befreiung.

Auch dieses Bild berührt uns emotional. Wenn wir an die Mühen denken, die Menschen auf sich nehmen, um ihre Bedürfnisse zu stillen, sei es materiell oder spirituell, wie steht es dann um unser Bemühen, mit dem wir angeblich alle Wesen vom Leid befreien wollen? Es geht nicht darum, dass wir uns schämen, sondern dass wir die Tiefe der Konditionierung sehen, die uns davon abhält, der Welt mit Mitgefühl und Weisheit zu begegnen.

Bei den meisten Interpretationen der sechs Paramitas wird meditative Stabilität oder Sammlung als die Verbindung von Ruhen und Schauen und nicht nur als Ruhen verstanden. Reaktive Emotionen hören nicht auf, wenn der Geist ruht, sondern kommen sofort wieder hoch, sobald eine Bewegung im Geist geschieht. Nur durch zusätzliche Einsicht, durch das direkte Erkennen, dass reaktive Emotionen nur Geistesbewegungen sind, werden wir wirklich frei von der Tyrannei der Reaktionen.

Die fünf Verse 31 bis 36 behandeln verschiedene wichtige Punkte. In Vers 31 erklärt Tokmé Zongpo, dass es nicht ausreicht, nur den Formen zu folgen. Das Ziel der Praxis besteht darin, Verwirrung aufzulösen und uns unserer Verwirrung so weit zu öffnen, dass wir selbst in der Verwirrung Klarheit finden können. In Vers 34 spricht er über die schlichte, aber wichtige Empfehlung zu freundlicher Rede. Auf lange Sicht ist freundliche Rede viel wirksamer als Schroffheit. Diese Empfehlung taucht an vielen Stellen auf, bei den Hinweisen zur rechten Rede im Achtfachen Pfad bis zu den vier Weisen, wie ein Bodhisattva mit Menschen umgeht. Tokmé Zongpo hat sich diese Anweisung sehr zu Herzen genommen. Es heißt, dass er niemals seine Stimme aus Ärger erhob, nie jemanden zurechtwies und jede Person mit Respekt behandelte. In Vers 36 fasst er den Sinn der Übung so zusammen: Sei aufmerksam, aufmerksam, aufmerksam.

In Kürze: Prüfe bei allem, was du tust, deinen Geist,
in jedem Augenblick.

Im letzten der 37 Verse geht es um die Übung der Widmung, das heißt darum, auf allen Nutzen zu verzichten, den wir aus unserer spirituellen Praxis ziehen könnten. Widmen wirkt in drei Bereichen: 1. gegen Stolz und Gier. 2. ist es eine Geste der Großzügigkeit aus Mitgefühl. 3. erinnert es uns daran, dass es nichts gibt, was uns wirklich gehört. Ein traditioneller Widmungsvers bringt diese drei Aspekte zum Ausdruck:

Gutes entsteht aus meinem Üben,
möge ich es nicht für mich behalten.
Möge es überallhin ausstrahlen
und Gutes überall wecken.

Die Herausforderungen meines eigenen Lebens brachten mich dazu, Tokmé Zongpos Ansatz »Lass Erwartung und Furcht los« tiefer wertzuschätzen, und so achtete ich immer genauer darauf, was er zu sagen hatte. Als ich den Text lehrte, verstand ich noch mehr, warum er ein so hohes Ansehen genießt. Doch erst, als ich jeden Vers übersetzte und über die dazugehörigen Kommentare nachdachte, habe ich verstanden, wie der Text über Zeit und Raum hinaus auch heute noch zu uns spricht. Im dritten Vers spricht er zum Beispiel über Abgeschiedenheit. In der Zeit von Tokmé Zongpo war es möglich, stille Orte zum Leben und Üben zu finden. Das ist heute schwieriger. Nicht nur, weil Land und Häuser Geld kosten. Durch unsere Technologie sind Kommunikation und Unterhaltung überall virtuell zugänglich. In der heutigen Welt wird die Übung der Abgeschiedenheit zur Übung von Stille, Alleinsein und einem Rückzug von der Welt der ständigen Erreichbarkeit. Ja, wenn du Stille übst, findest du deinen Weg.

Dieses Buch zeigt einen Übungsweg, der dir hilft, die Weisheit und Erfahrung dieses Pfades zu verstehen. Ein Weg, der dich nicht durch kulturelle oder sprachliche Unterschiede ablenkt oder verwirrt und den du für dein Leben übernehmen kannst. Er ist ein guter Ausgangspunkt zum Einstieg in das Studium und die Praxis der tibetisch-buddhistischen Traditionen, denn der Text ist eine schlichte und elegante Zusammenfassung des Mahayana-Buddhismus. Mit der Zeit wirst du, wie auch ich, entdecken, dass jeder Vers auf verborgene Tiefen hinweist, wie du der Welt begegnen und in Klarheit leben kannst.

Die 37 Übungen

Namo Lokeshvaraya
Ich nehme Zuflucht zum Herrn der Welten

Lobpreis
Der Du erkennst, dass Erfahrungen
weder kommen noch gehen,
und dennoch Deine Energie dem Wohle aller Wesen widmest,
Du wunderbarer Lehrer, der Du alles siehst,
vor Dir verbeuge ich mich voller Respekt
mit Körper, Rede und Geist.

Absicht
Völliges Erwachen, Buddhaschaft, die Quelle von Freude
und Wohlergehen, zeigt sich, wenn du den Edlen Weg meisterst.
Meisterschaft beruht auf dem Wissen, wie man übt.
Daher will ich nun die Übungen der Bodhisattvas erläutern.

1

Jetzt hast du ein gutes Boot gefunden,
mit allem, was dazu gehört.
Das ist nicht leicht zu finden.
Um dich und andere aus dem Meer
des Samsara zu befreien, übe stetig, Tag und Nacht.
Studiere, denke nach und meditiere.
Das ist die Übung eines Bodhisattva.

2

Die Anhaftung an Menschen,
die dir nahestehen, fesselt dich,
und die Abneigung für deine Gegner brennt wie Feuer in dir.
Gleichgültigkeit gegenüber dem, was ansteht,
ist wie ein schwarzes Loch. Verlasse deine Heimat.
Das ist die Übung eines Bodhisattva.

3

Schenke Störungen keine Beachtung,
dann lösen sich reaktive Emotionen auf.
Lass dich nicht ablenken, dann wirkt die spirituelle Übung.
Halte dein Gewahrsein klar und lebendig,
dann wächst dein Vertrauen in den Weg.
Vertraue dem Schweigen.
Das ist die Übung eines Bodhisattva.

4
Irgendwann musst du dich trennen von alten Freunden
und Verwandten und auch vom Wohlstand,
um den du dich so sehr bemühst.
Der Gast, das Bewusstsein, verlässt dann das Gasthaus,
den Körper. Gib die Anhaftung an dein Leben auf.
Das ist die Übung eines Bodhisattva.

5
Mit manchen Freunden werden die drei Gifte stärker,
du lässt nach mit Studieren, Nachdenken und Meditieren,
und Freundlichkeit und Mitgefühl schwinden.
Gib schlechte Freunde auf.
Das ist die Übung eines Bodhisattva.

6
Mit manchen Lehrern nehmen deine Schwächen ab, und
deine Fähigkeiten wachsen an wie der zunehmende Mond.
Achte und schätze solche Lehrer mehr als deinen Körper.
Das ist die Übung eines Bodhisattva.

7
Gefangen in den Ketten ihrer eigenen Muster
können weltliche Götter keinen beschützen.
Wo willst du Zuflucht finden?
Nimm Zuflucht zu den Drei Juwelen.
Nur auf sie kannst du dich verlassen.
Das ist die Übung eines Bodhisattva.

8
Die Leiden der unteren Bereiche sind schwer zu ertragen.
Die Weisen sehen sie als Folge übler Handlungen.
Hüte dich daher vor üblen Handlungen,
und koste es dein Leben.
Das ist die Übung eines Bodhisattva.

9
Das Glück der drei Welten schwindet in einem Augenblick,
wie Tautropfen auf einem Grashalm.
Das höchste Glück verändert sich nie. Strebe nur danach.
Das ist die Übung eines Bodhisattva.

10
Jedes Wesen hat einst für dich gesorgt wie eine Mutter.
Wie kannst du glücklich sein, wenn sie alle endlos leiden?
Erwecke Bodhicitta,
um alle Wesen ohne Ausnahme zu befreien.
Das ist die Übung eines Bodhisattva.

11
Alles Leiden entsteht aus dem Wunsch
nach deinem eigenen Glück,
und völliges Erwachen aus dem Wunsch, anderen zu helfen.
Tausche daher dein Glück ein für das Leid der anderen.
Das ist die Übung eines Bodhisattva.

12

Selbst wenn jemand aus Verzweiflung und Verlangen
dir alles stiehlt oder andere zum Stehlen verleitet,
widme ihm deinen Körper, deinen Wohlstand
und alles Gute, das du je getan hast oder tun wirst.
Das ist die Übung eines Bodhisattva.

13

Selbst wenn du nichts Falsches getan hast
und dennoch jemand deinen Kopf fordert,
nimm all sein Übelwollen aus Mitgefühl auf dich.
Das ist die Übung eines Bodhisattva.

14

Selbst wenn jemand auf der ganzen Welt üble Gerüchte
über dich verstreut, preise seine Fähigkeiten immer und
immer wieder, mit einem offenen Herzen voller Liebe.
Das ist die Übung eines Bodhisattva.

15

Selbst wenn dich jemand vor aller Augen
demütigt und verrät,
sieh diese Person als deine Lehrerin an
und ehre sie voller Respekt.
Das ist die Übung eines Bodhisattva.

16
Selbst wenn jemand, für den du gesorgt hast,
als sei er dein eigenes Kind,
dich wie seinen schlimmsten Feind behandelt,
schenke ihm freundliche Aufmerksamkeit,
wie eine Mutter ihrem kranken Kind.
Das ist die Übung eines Bodhisattva.

17
Selbst wenn Menschen, die du als gleichwertig
oder unterlegen ansiehst, dich herabsetzen, um selbst besser
dazustehen, behandle sie mit der gleichen Achtung
wie deine Lehrer und verehre sie.
Das ist die Übung eines Bodhisattva.

18
Wirst du ausgeschlossen und verachtet,
bist du niedergeschlagen, schwer krank
oder emotional aufgewühlt, verliere den Mut nicht.
Nimm das Leiden und das Unheilsame aller Wesen auf dich.
Das ist die Übung eines Bodhisattva.

19
Und seist du auch berühmt und von allen verehrt
und so reich wie der Gott des Reichtums selbst,
denke daran, dass Erfolg in der Welt vergeht.
Lass dir das nicht zu Kopf steigen.
Das ist die Übung eines Bodhisattva.

20
Kannst du deine Wut, den Feind in dir, nicht besiegen,
hast du umso mehr Feinde, je mehr du im Außen besiegst.
Entdecke die Macht von Freundlichkeit und Mitgefühl
und besiege deinen eigenen Geist.
Das ist die Übung eines Bodhisattva.

21
Sinnesfreuden sind wie Salzwasser.
Je mehr du trinkst, desto durstiger wirst du.
Lass alle Dinge los, an denen dein Herz hängt,
jetzt und sofort.
Das ist die Übung eines Bodhisattva.

22
Alle Erfahrungen sind dein eigener Geist.
Der Geist selbst ist frei von den Begrenzungen der Begriffe.
Erkenne das und hänge nicht
an der Zuschreibung von Subjekt und Objekt.
Das ist die Übung eines Bodhisattva.

23
Begegnest du Dingen, die dich erfreuen,
auch wenn sie so schön sind wie ein Regenbogen im Sommer,
halte sie nicht für wirklich und lass Verlangen los.
Das ist die Übung eines Bodhisattva.

24
Alle Arten des Leidens sind wie ein Traum,
in dem dein Kind stirbt.
Hältst du Verwirrung für Wirklichkeit,
raubt dir das alle Kraft.
Erlebst du ein Unglück, sieh es als Verwirrung.
Das ist die Übung eines Bodhisattva.

25
Wer erwachen will, muss sogar seinen Körper loslassen.
Was müssen wir dann noch über das Schenken
von Besitz reden. Sei großzügig
und rechne nicht mit Dankbarkeit oder Ergebnissen.
Das ist die Übung eines Bodhisattva.

26
Da du ohne ethische Disziplin
nicht einmal für dich selbst sorgen kannst,
ist dein Wunsch, dich um andere zu kümmern, nur ein Scherz.
Achte auf dein Verhalten, ohne Rücksicht auf Konventionen.
Das ist die Übung eines Bodhisattva.

27
Für Bodhisattvas, die sich nach Tugend sehnen,
ist eine Person, die sie verletzt, ein kostbarer Schatz.
Übe Geduld mit allen. Lass dich nicht irritieren
und hege keine Vorbehalte.
Das ist die Übung eines Bodhisattva.

28
Hörer und einsame Verwirklicher
üben nur zu ihrem eigenen Wohl,
und doch üben sie, als stünde ihr Kopf in Flammen.
Willst du allen Wesen helfen,
so widme dich mit aller Kraft deiner Übung.
Sie ist die Quelle aller Fähigkeiten.
Das ist die Übung eines Bodhisattva.

29
Begreifst du, dass emotionale Reaktionen
durch Einsicht und Sammlung zerstört werden,
übst du dich in meditativer Sammlung,
jenseits der vier formlosen Sammlungsstufen.
Das ist die Übung eines Bodhisattva.

30
Ohne Weisheit führen die fünf Paramitas nicht
zu völligem Erwachen. Pflege Weisheit und kluges Handeln,
frei von den drei Zuschreibungen.
Das ist die Übung eines Bodhisattva.

31
Hinterfragst du deine eigene Verblendung nicht,
bist du einfach ein Weltmensch, der vorgibt zu üben.
Erforsche deine eigenen Verblendungen und löse sie auf.
Das ist die Übung eines Bodhisattva.

32
Du schadest dir selbst durch reaktive Emotionen und durch
dein Klagen über die Fehler der anderen Bodhisattvas.
Sprich nicht über die Fehler derer,
die den Großen Weg gehen.
Das ist die Übung eines Bodhisattva.

33
Kämpfst du mit anderen um Status und Belohnung,
schadest du deiner Übung,
dem Studieren, Nachdenken und Meditieren.
Misch dich nicht ein in die Angelegenheiten
deiner Familie und deiner Gönner.
Das ist die Übung eines Bodhisattva.

34
Verächtliches Reden verletzt andere
und schadet der Ethik eines Bodhisattva.
Verletze andere nicht und sprich keine groben Worte.
Das ist die Übung eines Bodhisattva.

35
Werden reaktive Emotionen stärker,
nutzen Hilfsmittel wenig.
Bist du präsent und wach, nutzt du Hilfsmittel als Waffen
und zerstörst reaktive Emotionen gleich, wenn sie auftauchen.
Das ist die Übung eines Bodhisattva.

36

In Kürze: Prüfe bei allem, was du tust, deinen Geist,
in jedem Augenblick. Sei immer präsent und wach.
So hilfst du allen Wesen.
Das ist die Übung eines Bodhisattva.

37

Um mit der Weisheit, frei von den drei Zuschreibungen,
das Leid der zahllosen Wesen zu vertreiben,
widme alle Verdienste dieser Bemühungen dem Erwachen.
Das ist die Übung eines Bodhisattva.

Quelle

Ich folge den Lehren der Heiligen in den Schriften der Sutren, Tantras und ihren Kommentaren und schrieb *Die 37 Übungen der Bodhisattvas* für die, die auf diesem Weg üben wollen.

Linie

Da mein Verstand begrenzt ist und meine Bildung gering,
sind diese Verse nicht von der Art,
wie die Gelehrten sie schätzen.
Da ich mich aber auf die Lehren der Sutren
und der Edlen stützte, vertraue ich darauf,
dass *Die Übungen der Bodhisattvas* Hand und Fuß haben.

Mängel

Da es mir mit meinem begrenzten Verstand schwerfällt, die Tiefe der großen Wogen des Bodhisattva-Verhaltens zu ergründen, bitte ich die Ehrwürdigen, alle meine Fehler zu tolerieren, und auch alle Widersprüche und dergleichen.

Widmung

Mögen durch die Verdienste dieser Arbeit
alle Wesen erwachen,
zu dem, was erscheint, und zu dem, was wahr ist.
Mögen sie die beiden Extreme
von Existenz und Frieden vermeiden.
Mögen sie alle dem Großen Mitfühlenden gleich werden.

Leiden verwandeln, Glück schenken

Anrufung

Namo Lokeshvaraya

Was inspiriert dich zu üben?

Wie in der tibetischen Tradition üblich beginnt Tokmé Zongpo mit einem klassischen Lobpreis in Sanskrit. In diesem Fall gilt die Hommage Lokeshvara, dem Herrn der Welt, einem mythischen Wesen des mittelalterlichen[12] indischen Buddhismus, das erwachtes Mitgefühl verkörpert. Stell dir vor, du bist Lokeshvara. In dir ist eine Stille wie ein Teich, von Bäumen beschützt, seit tausend Jahren unberührt, auch nicht dem leichtesten Hauch ausgesetzt. Spüre diese Stille in dir.

Durch diese Stille kannst du alles hören. Du hörst den Schrei eines neugeborenen Babys. Du hörst das fassungslose, verzweifelte Stöhnen einer jungen Frau, als ihr Freund mit ihr Schluss macht. Du hörst das schmerzvolle Schluchzen einer Frau mit Brustkrebs. Du hörst das Seufzen eines Mannes,

12 Siehe Fußnote 3, Seite 13.

dem zum ersten Mal bewusst wird, dass sein Körper alt wird. Und du hörst den rasselnden Atem derer, deren Zeit in dieser Welt zu Ende geht. Du hörst die Leiden und das Hadern der Menschen, die vom Unglück getroffen wurden, ob durch Pech oder aus eigener Dummheit. Du hörst die Schreie der Unterdrückten, Ausgebeuteten, Misshandelten. Du hörst den Schmerz in den Stimmen der Unterdrücker, Ausbeuter, Misshandler. Du hörst das Leid der Welt. Was tust du?

In der Stille bricht dein Herz. Ein Strom aus Mitgefühl ergießt sich. Du streckst deine Hände aus und berührst den Schmerz jedes einzelnen Menschen, und je nachdem, wie eure Verbindung ist, findest du einen Weg, ihren Schmerz zu lindern. Dabei erkennen alle für einen Moment diese offene Stille, eine Ruhe, die sie noch nie zuvor erlebt haben. Dieser Moment ändert alles. Deshalb heißt er Herr der Welt.

Lobpreis

Der Du erkennst, dass Erfahrungen
weder kommen noch gehen,
und dennoch Deine Energie dem Wohle aller Wesen widmest,
Du wunderbarer Lehrer, der Du alles siehst,
vor Dir verbeuge ich mich voller Respekt
mit Körper, Rede und Geist.

Stell dir vor, du siehst einen Baum.

Es ist windig. Du spürst die Böen an deinen Wangen. Du hörst das Rascheln der Blätter. Selbst die starken Äste schwanken im Wind. Du siehst die schwankenden Äste, hörst den Wind in den Blättern. Und doch gibt es keine Bewegung – weder innen noch außen, nirgendwo.

Nun stell dir vor, du könntest deine Gedanken und Gefühle genauso erleben. Sie kommen und gehen und doch geschieht für dich keinerlei Bewegung. Es ist nicht wichtig, was auftaucht – Liebe, Wut, Bedürftigkeit, Stolz, Trauer, Freude – du erlebst das jeweilige Gefühl, erlebst es ganz. Dennoch geschieht keine Störung, keine Bewegung welcher Art auch immer – kein Kommen, kein Gehen. Es ist möglich, das Leben so zu erleben. Dabei erfährst du eine Freiheit, für die es keine Worte gibt.

Was würde es ändern, wenn du das erleben könntest? Wie würde es deinen Blick auf andere verändern, besonders wenn du siehst, wie sie in Vorstellungen gefangen sind, von Gefühlen überflutet werden oder vor Begierde brennen? Willst du ihnen dann nicht die Hand reichen und den Schmerz lindern, selbst wenn du weißt, dass du nur wenig helfen kannst?

Das ist der Kern des Mitgefühls. Es erscheint aus dieser tiefgründigen und unbeschreiblichen Stille und breitet sich aus, um den Schmerz der Welt zu lindern. Dafür steht Lokeshvara, auch Avalokiteshvara genannt, der Herr, der alles sieht. Das ist es, was deine Lehrer und Lehrerinnen motiviert. Deswegen geben sie ein konventionelleres Leben auf und verschenken ihre Zeit und ihre Kraft, damit andere einen Weg zur Freiheit finden.

Am Anfang der spirituellen Praxis steht oft Ehrfurcht, das Gefühl, mit etwas unfassbar Größerem verbunden zu sein.

Während du das liest, nimm dir einen Moment Zeit, das Mitgefühl von Lokeshvara zu spüren. Spüre die Ehrfurcht, wenn du das tust. Vielleicht inspiriert dich das dazu, gerührt den Kopf zu neigen, oder du bringst in Gedanken, Worten oder Taten Gaben dar. Was du auch übst, beginne mit Ehrfurcht – dann sitzt du mit offenem Mund da, sie treibt dir Tränen in die Augen, lässt alles Denken still werden und beruhigt dein Herz. Spüre die Ehrfurcht vor dem Mitgefühl, das deine Lehrer und Lehrerinnen vorleben, und vor der Möglichkeit des Mitgefühls in dir.

Absicht

Völliges Erwachen, Buddhaschaft, die Quelle von Freude
und Wohlergehen, zeigt sich, wenn du den Edlen Weg meisterst.
Meisterschaft beruht auf dem Wissen, wie man übt.
Daher will ich nun die Übungen der Bodhisattvas erläutern.

Manche lernen durch Studieren, andere durch Zuhören.

Manche lernen durch Struktur, andere im Spielen. Hast du schon einmal darüber nachgedacht, wie du lernst? Oder akzeptierst du einfach die Lehrprogramme, die du vorgesetzt bekommst?

Für mich zum Beispiel funktioniert das Anhören von Vorträgen nicht. Das ist paradox, denn ich habe selbst viele Vorträge gehalten. Allerdings wechsle ich so oft wie möglich in den Frage-Antwort-Modus. Denn das funktioniert für mich, als Schüler und als Lehrer. Ich lerne, wenn ich Fragen stelle, und ich lehre am besten, wenn ich Fragen beantworte. Aber das gilt nicht für alle.

Manche lernen am besten durch Zuhören. Sie nehmen in sich auf, was der Vortragende, der Lehrer oder die Lehrerin, sagt. Sie saugen es sozusagen auf. Mich erstaunt das, aber für sie scheint das gut zu funktionieren. Andere spielen mit den Unterweisungen herum und probieren sie aus. Nicht systematisch, aber so haben die meisten Hacker, Computerfreaks und Technikkünstler angefangen, auch viele Wissenschaftler und manche Musikerinnen, Künstler und Schriftstellerinnen.

Ein Schwertkampf-Lehrer lehrte einen Schüler, indem er ihm einen langen Holzstab gab und ihn aufforderte, ihn immer bei sich zu tragen, selbst bei der Hausarbeit und im Schlaf oder wenn er sich entspanne. Dann griff der Meister seinen Schüler immer wieder unerwartet an. Der Schüler musste sich gegen die Schläge wehren und sich so gut wie möglich verteidigen. Obwohl er nie Theorien, Haltungen, Schläge oder Strategien lernte, wurde er ein hervorragender Schwertkämpfer.

In traditionellen Gesellschaften geschieht Lernen häufig durch Zuschauen. In der Ausbildung bei einem Sushi-Chefkoch putzt du die Messer, während der Meister kocht. Und du beobachtest. Du passt auf. Erst nach drei bis fünf Jahren darfst du selbst ein Messer in die Hand nehmen. Dann kannst du es fast auf Anhieb, weil dein Körper aufgenommen hat, wie du das Messer halten und bewegen musst. Auch Renaissance-Künstler lehrten auf diese Weise, mit Pinseln statt Messern. Heute wird diese Methode nur noch selten verwendet. Es heißt, die Menschen haben nicht mehr so viel Zeit, aber so eine Art des Lernens ist tief und nachhaltig.

Andere kommen besser mit einem Studienkurs zurecht, nehmen ein Thema nach dem anderen in sich auf und gehen der Reihe nach durch ein Curriculum. So funktioniert das moderne Bildungssystem. Es gibt es einen klar definierten Ablauf mit einem bestimmten Ergebnis.

So ging man in der klösterlichen Ausbildung in Tibet vor. Die Ausbildung der Mönche war so angelegt: Sie begannen mit dem Buchstabieren des Alphabets, dann lernten sie, wie man Worte schreibt, wie man sie ausspricht und was sie bedeuten, und danach debattieren, um denken zu lernen. So wurde wahrscheinlich auch Tokmé Zongpo ausgebildet, doch dank seiner natürlichen Begabungen wuchs er schnell darüber hinaus. Auch das spirituelle Training folgte diesem methodischen Ansatz. Die Struktur des Lamrim, auf dem die 37 Bodhisattva-Verse basieren, legt den tibetisch-buddhistischen Kanon in klar definierter Abfolge dar. Sie beginnt mit der Absicht oder Motivation, dann geht es um die Haltung dem Lehrer gegenüber, um Abgeschiedenheit zum Üben, um Ethik und Zuflucht. Danach folgen die vier Unermesslichen Haltungen und Bodhicitta, der Erleuchtungsgeist. Dann wirst du durch die sechs Paramitas geführt und kommst schließlich zu den Bodhisattva-Stufen, zur Buddhaschaft und dem Handeln eines Buddha. Das ist ein sehr gründlicher Ansatz, umfassend und solide. Aber ist das die Art, wie du lernst und wie du mit dem Üben anfängst?

Mein Vorschlag: Finde eine Lehrerin oder einen Lehrer, mit denen du wirklich lernen kannst, und deren Lehrstil zu deinem Lernstil passt.

1

Jetzt hast du ein gutes Boot gefunden,
mit allem, was dazu gehört.
Das ist nicht leicht zu finden.
Um dich und andere aus dem Meer
des Samsara zu befreien, übe stetig, Tag und Nacht.
Studiere, denke nach und meditiere.
Das ist die Übung eines Bodhisattva.

Du stehst auf einem hölzernen Bootssteg.

Er ist alt und zerfallen. Vor dir dehnt sich das Meer bis zum Horizont aus. Du siehst ein gut ausgerüstetes Boot. Du weißt, dass es so ist, denn du hast dich darum gekümmert. Es ist das einzige Boot am Bootssteg. Die übrigen Anlegeplätze liegen leer und verwaist da. Du weißt nicht genau, warum du hier bist. Aber du weißt, du kannst dich nicht mehr vom Meer abwenden. Dennoch zögerst du, in das Boot zu steigen. Was hält dich zurück?

Aus der Stadt hinter dir hörst du das fortwährende Summen der Geschäftigkeit: Autos, Busse, Menschen preisen auf dem Markt ihre Waren an, die Sirene eines Krankenwagens oder Polizeiautos oder der Feuerwehr auf dem Weg zum nächsten Notfall ertönt. Du weißt, deine Freundinnen und

Freunde, Kolleginnen und Kollegen und deine Verwandten sind alle damit beschäftigt, ihre Familien zu versorgen, im Leben voranzukommen, ihre Spuren in der Welt zu hinterlassen.

Du stehst da, schaust aufs Meer, das Boot schaukelt unter deinen Füßen, wenn die Wellen gegen den Steg schlagen. Die Welt hinter dir scheint voll und leer zugleich. Sie enthält viele Freuden und Belohnungen. Du hast sie geschmeckt. Aber du kannst dem Gefühl von Sinnlosigkeit nicht entgehen und auch nicht der beharrlich nagenden Frage: »Ist das alles?« Manchmal spüren auch deine Freundinnen und Freunde dieses Gefühl, doch sie wenden sich schnell wieder ab. Ein Riss im Netz des Lebens, der nie erforscht wird.

Du kannst dich nicht abwenden und wunderst dich, wie sie das fertigbringen. Du fragst dich auch, ob du etwas für sie tun kannst. Denn du spürst ziemlich sicher, dass dir etwas fehlt. Darum hast du das Boot vorbereitet. Du denkst, auch ihnen könnte etwas fehlen. Du weißt aber nicht, was.

Was brauchst du, damit du in das Boot steigst?

2

Die Anhaftung an Menschen,
die dir nahestehen, fesselt dich,
und die Abneigung für deine Gegner brennt wie Feuer in dir.
Gleichgültigkeit gegenüber dem, was ansteht,
ist wie ein schwarzes Loch. Verlasse deine Heimat.
Das ist die Übung eines Bodhisattva.

Musst du wirklich in ein anderes Land reisen, um zu üben?

Vielleicht bist du schon einmal für einen Meditationskurs bis ans andere Seite der Welt gereist. Aber wahrscheinlich hattest du eine Rückfahrkarte. Du kommst voller Begeisterung an, packst dein Gepäck aus, legst dein Meditationskissen hin und rollst deine Yogamatte aus. Nach ein paar Tagen fällt dir auf, dass ein paar Dinge mitkamen, die du gar nicht wissentlich eingepackt hattest.

In den Pausen flirtest du mit der Person, die vor dir sitzt. Die Person auf dem Kissen neben dir kannst du nicht ausstehen. Warum muss sie gerade hier sitzen? Weshalb trägt sie so leuchtende Farben? Andere ignorierst du einfach, denn du brauchst sie nicht, und nimmst an, ihnen geht es mit dir genauso.

Das Essen, dein Sitzplatz, die Landschaft und all das gefällt dir oder es gefällt dir nicht oder es berührt dich weder angenehm noch unangenehm. Anziehung, Abneigung und Gleichgültigkeit.[13] Das sind die drei Gifte. Du bist tausende Kilometer gereist, um ihnen zu entkommen. Und nun sind sie hier, als hättest du dein Zuhause nie verlassen.

Diese drei grundlegenden Muster oder Gewohnheiten vergiften dein Leben. Du kannst nicht einfach etwas genießen – du musst es besitzen. Du kannst nicht einfach einer Herausforderung begegnen – du musst sie bekämpfen. Du kannst nicht einfach entspannen – du musst alles überprüfen.

Diese Gifte ziehen dich aus der gegenwärtigen Erfah-

13 Siehe Fußnote 9, Seite 23.

rung heraus. Sie ziehen dich in die Vergangenheit hinein, in ein ewiges Gefängnis, in dem du andauernd nach der Liebe suchst, die du schon immer wolltest. Und du kämpfst mit den Geistern der Menschen, die dir im Wege standen. Wenn dich nichts berührt, erschafft deine Gleichgültigkeit einen Abstand zwischen dir und der Welt. Es ist nicht so leicht, deine Heimat zu verlassen.

Es gibt andere Möglichkeiten:

1. Richte deine Aufmerksamkeit auf das Grundgefühl, das jede Sinneserfahrung begleitet – angenehm, unangenehm, neutral. Spüre, wie sich die drei Reaktionen – Anziehung, Abneigung und Gleichgültigkeit in dir bewegen. Sie sind schnell. Sie sind bedrängend. Sie sind hinterhältig. Wenn du das immer wieder tust, wird sich dein Verhältnis zu den drei Giften allmählich verändern.
2. Wenn du spürst, wie Anziehung in dir entsteht, atme ein und nimm diese Art Anziehung in dich hinein, zunächst von allen, die du kennst, und dann von allen in der Welt. Was hast du zu verlieren? Anziehung läuft eh schon in dir ab, du bist schon durcheinander. Da kannst du genauso gut das Geistesgift von anderen in dich aufnehmen und sie so befreien. Das Gleiche gilt für Abneigung und Gleichgültigkeit.
3. Siehst du eine Sache oder eine Person, die du magst, öffne dich für die gesamte Erfahrung, für die Person oder das Objekt und für die Anziehung in dir. Durch Anziehung

nimmst du jedes Detail der Person oder des Objektes wahr. Ruhe darin. Bei Abneigung wird dein Geist sehr klar. Ruhe darin. Bei Gleichgültigkeit bist du aufmerksam für alles. Ruhe darin.

Bist du in der Lage, diese Gifte zu erleben und ihnen nicht zu folgen, hast du dein Zuhause verlassen.
Eine sichere Reise? Wohl kaum.

3

Schenke Störungen keine Beachtung,
dann lösen sich reaktive Emotionen auf
Lass dich nicht ablenken, dann wirkt die spirituelle Übung.
Halte dein Gewahrsein klar und lebendig,
dann wächst dein Vertrauen in den Weg.
Vertraue dem Schweigen.
Das ist die Übung eines Bodhisattvas.

In wie vielen Welten bewegst du dich jeden Tag?

Jede Störung, jede reaktive Emotion erschafft eine andere Welt. Wie eine Fliege auf einem heißen Stein springst du von einer Welt zur nächsten. In jeder Welt bist du eine andere Person, ohne geistigen Jetlag. Dagegen hatte es Alice im Wunderland leicht.

Wie findest du deinen Weg? In Stille.
Wie übst du Stille? Indem du zuhörst.

Richte dein Leben so ein, dass du weniger auswählen und unnötige Entscheidungen treffen musst. Arbeite nicht an zu vielen Projekten gleichzeitig. Beschäftigst du dich mit zu unterschiedlichen Dingen, führen die Anforderung des einen Projekts zu Problemen mit dem anderen. In anderen Worten, gestalte die Bedingungen so, dass du nicht ständig auf viele Störungen reagieren musst.

Wenn du übst, ruhe in der Erfahrung von Gedanken, Empfindungen[14] und Gefühlen. Nimm den Atem oder das Gewahrsein selbst als Ort zum Verweilen. Betrachte in der Meditation Gedanken, Empfindungen und Gefühle wie Blätter, die durch die Luft wirbeln, wenn du an einem Herbsttag unter dem blauen Himmel spazieren gehst. Schenkst du ihnen keine Beachtung, wirst du der Stille gewahr. Einer Stille, die immer da ist, selbst in deinen dunkelsten Momenten. Einer Stille, die immer da und nicht zu begreifen ist. Einer Stille, durch die du deinem Herzen, deinem Körper und deinem Geist auf eine neue Weise zuhören kannst.

In der Stille ist das Gewahrsein klar und lebendig. Du erkennst es einfach und ein stilles Vertrauen wird geboren.

Wie findest du deinen Weg?
In Stille.

14 Der Begriff Empfindung, engl. *sensation*, bezieht sich in der Regel auf körperlichen Empfindungen.

4

Irgendwann musst du dich trennen von alten Freunden
und Verwandten und auch vom Wohlstand,
um den du dich so sehr bemühst.
Der Gast, das Bewusstsein, verlässt dann das Gasthaus,
den Körper. Gib die Anhaftung an dein Leben auf.
Das ist die Übung eines Bodhisattva.

Denke für einen Moment daran, dass du jederzeit sterben könntest.

In der nächsten Minute, heute, morgen oder in Monaten oder Jahren. Spannt sich dein Körper an oder entspannt er sich? Oder geschieht etwas anderes? Welche Gefühle tauchen auf – Angst oder Erleichterung, Zorn oder Sehnsucht, Schuld, Hoffnung, Resignation oder Gelassenheit?

Schon ein kurzes Nachdenken über diese Zeilen löst intensive Reaktionen aus. Dein Körper tut alles, um am Leben zu bleiben. Wenn dein Leben bedroht ist, wehrt er sich heftig. Angst und Panik packen dich. Die drei grundlegenden Überlebensmuster übernehmen die Führung: Kampf, Flucht oder Erstarren. Auch wenn du andere Arten von Tod erlebst – das Ende einer Beziehung oder den Verlust deiner Arbeit –, es laufen dieselben Mechanismen ab. Wir sind biologisch und psychologisch auf Leben konditioniert.

Du weißt, dass du sterben wirst, aber du glaubst es nicht. Du ignorierst die Tatsache, dass der Tod unausweichlich ist. Deine Zeit und Energie richtest du auf weltliche Anliegen aus

– auf Glück, Erfolg, Ansehen, guten Ruf –, denn diese geben dem Leben der meisten Menschen Sinn.

Nun liest du aber dieses Buch. Also suchst du nach etwas, das über das Bedingte hinausgeht. Der US-amerikanische Lyriker, Dramatiker und Naturphilosoph Robinson Jeffers schreibt:

> … nur Menschen in Not suchen nach Wahrheit.
> Menschen sind wie andere Tiere auch.
> Sie suchen Essen und Erfolg und Frauen,
> nicht Wahrheit. Erst wenn der Geist
> von innerer Spannung gequält,
> am Glück verzweifelt,
> hasst er den Käfig des Lebens und sucht weiter …

Wenn du ein paar Weisheiten hören willst, dann beginne mit den vier Folgen[15]:

Die Folge des Anhäufens ist Zerstreuung.
Die Folge des Bauens ist Zerfall.
Die Folge der Begegnung ist Trennung.
Die Folge der Geburt ist der Tod.

Was angehäuft wird, zerstreut sich,
Was aufgebaut wird, zerfällt,

15 Hier in zwei deutschen Übersetzungen. Die erste ist die traditionelle und eher wörtliche Fassung, die zweite eine freie Übersetzung.

Was sich begegnet, muss sich trennen,
Was geboren wird, stirbt.

Nichts dauert. Alles verändert sich ständig. Alles ist in einem Wandlungsprozess und wird zu etwas anderem, auch du. Manche Veränderungen geschehen schnell, mit Lichtgeschwindigkeit. Andere brauchen lange Zeit, bis sie nicht mehr wahrnehmbar sind. Alles in der Welt, alles, was du erlebst, wächst an und entfaltet sich, oft auf vorhersagbare Weise, aber gleichzeitig unvermeidlich. So können zufällige, unberechenbare Ereignisse dein Leben in einem Augenblick bereichern und im nächsten verschlechtern, zerstören oder verwandeln.

Den meisten Menschen ist nicht bewusst, wie sehr ihr Leben einfach Glück oder Pech ist. Sie halten es für ihr Verdienst, wenn sie zur richtigen Zeit am richtigen Ort sind, der richtigen Person begegnen und die richtigen Worte sagen. Und wenn sie zur falschen Zeit am falschen Ort sind, der falschen Person begegnen oder etwas Falsches sagen, neigen sie dazu, jemand anderem oder sich selbst die Schuld zu geben.

Noch etwas Weisheit gefällig? Die Richtung deines Lebens kann sich im Nu verändern, gleichgültig, ob du alles richtig oder falsch machst. Wie lebst du die Erfahrung, die wir Leben nennen, angesichts dessen?

Gib dein Leben auf. Gib es ganz auf. Gründe dein Leben nicht auf das, was du verlieren kannst – auf Reichtum, Besitz, Gesundheit, Familie, Freunde, Ruhm, Ansehen und nicht einmal auf dein eigenes Leben. Wenn du das Glück hast, Familie,

Freunde, Reichtum oder Ansehen zu haben, genieße sie im Wissen, dass sie alle früher oder später wieder verschwinden. Baue dein Leben nicht darauf, an ihnen festzuhalten.

Folge vielmehr dem Leben von Moment zu Moment, ohne daran zu denken oder dir vorzustellen, dass du jemals die Folgen deines Handelns erleben wirst. Tu einfach, wonach dein Leben ruft, nicht mehr. Paradoxerweise kann man sich kein erfüllteres Leben vorstellen.

Was geschieht mit dem Gast? Niemand weiß es. Ein Geheimnis.

5

Mit manchen Freunden werden die drei Gifte stärker,
du lässt nach mit Studieren, Nachdenken und Meditieren,
und Freundlichkeit und Mitgefühl schwinden.
Gib schlechte Freunde auf.
Das ist die Übung eines Bodhisattva.

Gleich und gleich gesellt sich gern.

Wut verstärkt Wut. Gier weckt Gier. Gleichgültigkeit lässt Gleichgültigkeit entstehen. Der Kreis deiner Freundinnen, Freunde, Kolleginnen und Kollegen spiegelt deine Werte, deine Verhaltensweisen und wie du das Leben erlebst. Du kennst die Macht von Gruppendruck, Dominanz, Zugehörigkeit und Ausschluss. Du hast sie in der Schule erlebt, auf der Arbeit und sie begegnet dir in jedem sozialen Umfeld.

Innerlich ist es dasselbe. Welche Geschichten über dein

Leben erzählst du dir wieder und wieder? Welche Verhaltensweisen nährst du, welchen gibst du nach, welche ignorierst du? Du möchtest ändern, wie du das Leben erlebst. Aber sonst soll sich nichts ändern. Ist das möglich? Früher oder später musst du dem in die Augen schauen.

Schau dich um. Schau dir deine Freundinnen, Freunde, Kolleginnen und Kollegen an. Frage dich: »Will ich mich so verhalten? Will ich so leben? Will ich so sein?« Schau auch in dich hinein und frage dich: »Will ich so denken und fühlen?« Antwortest du mit Nein, fängst du an zu üben.

Beginne mit dem, was in dir ist. Wenn du merkst, dass du ein Verhalten immer wieder wiederholst, gib ihm einen Namen. Lerne, es zu bemerken und zu benennen. Wenn du etwas benennst, verliert es seine Macht. Das wusste auch Rumpelstilzchen.

Schritt für Schritt veränderst du dich. Du hast keinen Spaß mehr daran, wie gewohnt andere zu hänseln, denn du findest das nervig, unfreundlich und geistlos. Die alten Orte, die alten Interessen, die üblichen Gesprächsthemen interessieren dich immer weniger. Du spürst, du bist eine Schauspielerin und spielst nur ein bisschen mit, um dazuzugehören. Du weißt nicht, wie lange du das noch aufrechterhalten kannst. Irgendwann hörst du auf, es zu versuchen. Du lässt es ganz fallen.

Tatsächlich erlebst du einen Verlust und mit dem Verlust geht Trauer einher, der Schmerz der Trennung von Mustern und

Menschen. Gleichzeitig fühlst du dich leichter und klarer, als hättest du einen Mantel oder eine Maske abgelegt, die du ohne ersichtlichen Grund getragen hast.

Achtung: Während sich diese Veränderungen entwickeln, könntest du deine neue Richtung für besser und wertvoller als die alten Wege halten. Das ist nur natürlich, aber dabei fällst du leicht in eine andere alte Gewohnheit – Freunde und Lebensstile, die du hinter dir gelassen hast, zu kritisieren und zu verachten.

Wenn du merkst, dass du kritisierend und bewertend wirst, lass los. Du fällst zurück in alte Gewohnheiten – genau das, was du hinter dir lassen willst.

6

Mit manchen Lehrern nehmen deine Schwächen ab, und
deine Fähigkeiten wachsen an wie der zunehmende Mond.
Achte und schätze solche Lehrer mehr als deinen Körper.
Das ist die Übung eines Bodhisattva.

Suche dir eine Lehrerin.

Für viele ist es eine der größten Herausforderungen auf dem spirituellen Weg, eine Lehrerin zu finden, die sie begleitet. Welche Fachrichtung oder Ausbildung du auch suchst, der Lehrer verkörpert in gewisser Weise das, was du wissen oder wie du werden willst. Warum solltest du sonst mit ihr oder ihm üben?

Gute Lehrerinnen und Lehrer sind schwer zu finden. Berühmtheit ist kein Kriterium. In den meisten Fällen müssen diejenigen, die berühmt werden, mit jenen Kräften zusammenarbeiten, die ihnen zur Berühmtheit verhelfen, und meist verbiegen sie sich dabei. Viele Menschen wählen eine Person, die berühmt ist, und sehen darin eine Art Qualifikation. Aber dann entsteht ein anderes Problem. Wie Yogi Berra über ein berühmtes Restaurant sagte: »Da geht niemand mehr hin. Es ist zu voll.«

Schau dir die Schüler einer Lehrerin an. Von ihnen lernst du eine Menge über die Lehrerin. Suche nach einer Person, die dich anspricht, jemand, dem du zuhören wirst, selbst wenn du komplett durchdrehst.

Wenn du einen Lehrer findest, der verkörpert, was du suchst, pflege und hüte diese Beziehung. Wie jede Beziehung benötigt sie Pflege.

Die Lehrerin zeigt dir Möglichkeiten und schult dich in den Fertigkeiten und Fähigkeiten, die du brauchst. Er oder sie zeigt dir deine inneren Themen, wenn sie dir im Weg stehen. Es ist deine Verantwortung, dafür zu sorgen, dass du verstehst, was du lernst, und anzuwenden, was dir die Lehrerin gibt, ohne es zu verfälschen.

Studierst du mit jemandem, achte nicht nur auf das, was du lernen willst, sondern vor allem auf das, was du tatsächlich lernst. Wie jede Beziehung ist die zwischen Lehrerin und Schülerin ein Mysterium. Der Lehrer lehrt dich Fertigkeiten und schult dich in Fähigkeiten, die weder du noch er je beabsichtigte. Du kannst nicht vorhersagen, was tatsächlich geschieht.

Hört er dir aufmerksam zu, lernst du zuzuhören, ob du Zuhören lernen wolltest oder nicht. Gibt sie dir traditionelle Antworten auf deine Fragen, lernst du, traditionelle Antworten zu geben, ob das ihre Absicht war oder nicht. Fordert sie dich heraus und schubst dich über das hinaus, was du dir zutraust, lernst du, andere herauszufordern und über das hinaus zu schubsen, was sie sich zutrauen. Ist er kurz angebunden und ungeduldig, lernst du, kurz angebunden und ungeduldig zu sein.

Wenn die Kommunikation abzubrechen scheint, halte es nicht gleich für ein Problem. Der Lehrer zeigt dir vielleicht Möglichkeiten, die du dir nie vorstellen konntest. In der Gegenwart einer geeigneten Lehrerin lassen deine reaktiven Emotionen nach und du kannst Teile von dir annehmen, die du bis dahin nie anschauen konntest. Du erlebst Frieden, Klarheit, Energie – eine Freiheit, von der du nicht wusstest, dass sie möglich ist. Es wäre falsch zu glauben, solche Veränderungen hingen nur von der Lehrerin ab. Sie geschehen, weil du an einem höheren Niveau von Energie und Aufmerksamkeit teilhast – Fähigkeiten, die deine Lehrerin bereits entwickelt hat und die auch du entwickeln kannst.

Glaubst du, dass solche Veränderungen von der Lehrerin abhängen, fängst du an, sie anzubeten. Das tut euch beiden nicht gut. Schätze die Beziehung, aber bete die Lehrerin nicht an. Lehrer haben auch Schwächen. Ignoriert du sie, lebst du in der Welt deiner eigenen Projektionen. Dann beziehst du dich nicht auf die Person und bist auch nicht in Verbindung.

Sprich nicht schlecht über deine Lehrerin, wenn sich eure

Wege trennen. Das wäre der sicherste Weg, dein eigenes Üben zu untergraben und eine Tür zu deinem eigenen Erwachen zu schließen.

Versuche nicht, die Freundin deiner Lehrerin zu werden und betrachte sie nicht als deine Freundin. Eine Freundschaft kann sich entwickeln. Das geschieht oft. Aber darum geht es nicht in dieser Beziehung. Es geht darum zu lernen, was du lernen kannst, um Möglichkeiten zu nutzen und Fertigkeiten zu entwickeln, und darum, zu erkennen, was ihnen im Weg steht.

Es ist oft schwerer, eine gute Lehrerin zu finden als einen passenden Partner. Hast du eine Lehrerin gefunden, pflege die Beziehung. Höre ihren Unterweisungen gut zu, frage nach, damit du sicher bist, dass du sie verstehst, nimm dir die Hinweise zu Herzen und übe damit.

7

Gefangen in den Ketten ihrer eigenen Muster
können weltliche Götter keinen beschützen.
Wo willst du Zuflucht finden?
Nimm Zuflucht zu den Drei Juwelen.
Nur auf sie kannst du dich verlassen.
Das ist die Übung eines Bodhisattva.

Worauf vertraust du in deinem Leben? Wer sind deine Götter?

Für viele ist Geld die Antwort. Die meisten Menschen glauben, wenn sie genug Geld hätten, wären sie sicher und glücklich. Sie glauben, durch Geld Sicherheit, Wohlergehen, Respekt, Macht oder Ruhm zu finden. Sie vertrauen dem Geld. Geld ist ihr Gott, ihre Zuflucht.

Was ist Glück? Eine flüchtige und launenhafte Göttin. Sie kommt kurz vorbei, wenn sich etwas zum Besseren verändert, und macht sich ein paar Tage später wieder davon. Manchmal findest du Glück, wenn du es am wenigsten erwartet hast, wenn du in jeder erdenklichen Weise herausgefordert bist und vom Leben völlig in Beschlag genommen. Gerade dann, wenn alles glatt läuft, entdeckst du oft, dass Langeweile ihren Platz eingenommen hat.

Andere beliebte Götter sind Macht, Schönheit, sexuelle Ausstrahlung, Lebensdauer, reine Moral beziehungsweise moralische Reinheit, Wissen, Integrität und Mut. Du setzt vielleicht auf Familie oder Gemeinschaft, Gesundheit und Fitness oder Glückseligkeit und andere transzendente Erfahrungen, um Sicherheit und Identität zu finden.

Götter sind Projektionen von Erwartungen und Verlangen. Aber auch Erwartungen und Verlangen sind projizierte emotionale Muster, Projektionen aus der Vergangenheit, von dem, was du in dir vermisst, was dich vollständig machen oder dir einen Platz in der Welt geben würde. Kann dich ein Muster befreien?

Muster sind Geister aus der Vergangenheit. Sie können dir nicht helfen. Die Welt, aus der sie stammen, existiert nicht mehr. Sobald sie wirken, ziehen sie dich in die Illusion dieser Welt. Versuchst du, sie zu befriedigen, hast du diese Welt akzeptiert und stehst unter ihrer Macht mit all ihren Ansprüchen, Dysfunktionalitäten und Widersprüchen. Das ist genau das Gegenteil der Freiheit, die du suchst.

Du brauchst eine Richtung. Traditionell ist das der Buddha, ein Beispiel für ein Leben frei von Hadern. Du brauchst einen Weg, einen Pfad. Durch Dharma, durch Verstehen und durch die Erfahrung von Menschen, die diesen Weg gingen, findest du deinen Weg. Du brauchst Anleitung, Sangha, Menschen, die deine Ausrichtung teilen, als Beispiel dienen und zeigen, was funktioniert und was nicht und wo die Fallen sind.

Am Ende hast du nur Gewahrsein, die Qualität des Wissens und Erkennens, die in jedem Moment der Erfahrung da ist – nicht zu definieren, unbeschreibbar und jenseits von begrifflichem Wissen. Es scheint nichts zu sein, doch es ist da, klar und gegenwärtig, und Erfahrung erscheint einfach, ohne Begrenzung. Kannst du diesem Wissen vertrauen? Kannst du dieser Klarheit vertrauen? Kannst du deiner eigenen Erfahrung vertrauen?

Aus einer anderen Perspektive betrachtet, geht es bei der Zuflucht darum, wie du dich auf das Leben selbst beziehst. Hörst du auf, im Außen oder in dir nach etwas zu suchen, das dich vom Hadern befreit, nimmst du Zuflucht zu unmittelbarem Gewahrsein beziehungsweise zu Bewusstheit. Das ist Buddha. Sind Gewahrsein und Erfahrung nicht mehr verschieden, hört das Hadern mit dem, was erscheint, auf, und du nimmst Zuflucht zu Klarheit. Das ist Dharma. Und wenn du das Leben erlebst, ohne an dem, was erscheint, festzuhalten, es abzuwehren oder zu ignorieren, nimmst du Zuflucht zur unbehinderten Erfahrung. Das ist Sangha.

8

Die Leiden der unteren Bereiche sind schwer zu ertragen.
Die Weisen sehen sie als Folge übler Handlungen.
Hüte dich daher vor üblen Handlungen,
und koste es dein Leben.
Das ist die Übung eines Bodhisattva.

Die unteren Bereiche.

Die unteren Bereiche entstehen aus Wut, Gier und aus dem Überlebenskampf. Es sind die Welten deiner grundlegenden Instinkte, in denen du nur kämpfen oder flüchten kannst, die Welten, in denen es nur darum geht, zu fressen oder gefressen zu werden, zu töten oder getötet zu werden.

Wann hat dich zuletzt Wut gepackt? Ein Arbeitskollege lässt eine Bemerkung fallen, nach deinem Geschmack etwas respektlos. Etwas in dir schaltet plötzlich um und du beginnst, vor Wut zu kochen. Dein Körper wird heiß und du bekommst einen roten Kopf, dein Magen ist verkrampft und in Aufruhr. Ein Schwall unflätiger Worte ergießt sich aus deinem Mund. Du hast keine Ahnung, was du sagst. Du stehst auf, schaust auf ihn herab und atmest schwer mit zusammengebissenen Zähnen. Der Kollege schaut erschrocken, beunruhigt und verlässt rasch den Raum. Was ist passiert?

Geh noch einmal zurück. Erinnere dich an das Gefühl von Wut, so gut du kannst. Was geschieht in deinem Körper? Ist da ein glühendes Stück Eisen, das dich von innen verbrennt? Brechen rotglühende Felsen in deinen Eingeweiden in Stücke? Wirbelst du in einem Fass aus geschmolzenem Kupfer umher? Willkommen im Bereich der heißen Höllen!

Wie steht es mit deinem Hass? Die meisten Menschen bemerken ihn nicht. Er ist zu kalt, zu gefühllos. Bist du völlig hart und unbeweglich, kalt und starr, hat dich der Hass im Griff. Bewegst du dich auch nur einen Millimeter, zerspringst du und zerbrichst. Wenn du die Hand auf dein Herz legst, kannst du fühlen, wie hart und kalt es ist. Es ist eine Welt der Härte, Kälte, aus starrem Eis. Robert Frost schreibt:

Manche meinen, die Welt wird durch Feuer untergehen,
manche meinen, durch Eis …

Die Welt der Gier ist auch nicht besser. Was passiert, wenn du an Geld denkst? Verspannt sich dein Körper? Ballst du die Fäuste? Kannst du die Verzweiflung, die Angst und das Greifen spüren, wenn du an etwas denkst, was du unbedingt brauchst? Hör dir deine Geschichten an: »Wenn ich das nicht bekomme, dann …«

Fällst du in einen dieser Bereiche, weißt du nicht mehr, was du tust, geschweige denn, was du fühlst oder erlebst. Du wirst überwältigt von Geschichten, Bewertungen und Rationalisierungen. Selbst heftige körperliche und emotionale Empfindungen bemerkst du nicht. Du spürst deinen Schmerz nicht. Doch mit deinem Verhalten und deinen Worten berührst du den Schmerz in anderen.

Jeder Gedanke, jedes Wort und jede Tat setzen einen Prozess in Gang, der die Art und Weise, wie du das Leben erlebst, prägt. Was immer du in die Welt bringst, kommt zu dir zurück, so oder so. Gerätst du in Wut oder nimmst du dir aus Gier oder Verzweiflung mehr als dir zusteht, bereitest du anderen Schmerz und fängst an, dein eigenes Leben zu ruinieren. Das ist wirklich destruktives Handeln.

Es reicht nicht zu sagen, dass du brav sein oder dich nicht schlecht benehmen willst. Wie alt fühlst du dich, wenn du sagst: »Ich will brav sein«? Das ist die Haltung eines Kindes zum Leben. Sie basiert auf alten Mustern, auf der Suche nach elterlicher Aufmerksamkeit und Zuwendung und dem Wunsch, nicht bestraft zu werden.

Vergiss das Gut- oder Schlechtsein. Schau dir dein Leben aufmerksam an. Erlebe, was gerade jetzt in dir geschieht. Erkenne, was du tust und wie es auf andere wirkt.

Manche schädlichen Verhaltensmuster sind so tief verwurzelt, dass du dir nicht vorstellen kannst, dich anders zu verhalten. Und wenn du es tust, fühlt es sich an wie Sterben. Tatsächlich stirbt etwas. Die Welt der reaktiven Emotionen stirbt.

Du hast die Wahl. Entweder lässt du zu, dass reaktive Emotionen dein Leben und das von anderen zerstören, oder du lässt die Bereiche sterben, die durch diese emotionalen Reaktionen erschaffen werden. Wofür entscheidest du dich?

9

Das Glück der drei Welten schwindet in einem Augenblick,
wie Tautropfen auf einem Grashalm.
Das höchste Glück verändert sich nie. Strebe nur danach.
Das ist die Übung eines Bodhisattva.

Das Streben nach Glück.

Das Streben nach Glück um deiner selbst willen ist vergebliche Liebesmühe. Das Ziel ist leichtfertig und unrealistisch. Leichtfertig, denn Glück ist ein flüchtiger Zustand, der von vielen Bedingungen abhängt – und unrealistisch, denn das Leben ist unvorhersehbar und in jedem Moment kann Schmerz geschehen.

Das Glück, das du fühlst, wenn du etwas bekommst, was du immer schon wolltest, dauert normalerweise nicht länger als drei Tage. So ist es auch mit den Zuständen der Glückseligkeit in der Meditation, ob es um körperliche oder emotionale Glückseligkeit geht oder um die Glückseligkeit des unendlichen Raums, des unendlichen Bewusstseins oder des unendlichen Nichts. Diese Zustände hören auf, sobald du wieder mit der Unordnung des Lebens zu tun hast. Sie vergehen wie ein Tautropfen auf einem Grashalm.

Das Streben nach Glück ist eine Fortführung der traditionellen Sicht auf spirituelle Praxis als Weg, die Wechselfälle des Lebens, die *conditio humana*, zu überwinden. Walhalla[16], das Paradies, der Himmel oder Nirvana stellen alle Ewigkeit, Glückseligkeit, Reinheit oder das Einssein mit einer letztendlichen Wirklichkeit in Aussicht. Diese vier spirituellen Sehnsüchte sind Fluchtreaktionen auf die Herausforderungen, denen wir im Leben begegnen.

Nimm dir einen Moment Zeit und denke darüber nach, was du in deiner Meditationspraxis suchst. Transzendenz, wenn schon nicht »Gott« genannt, so doch ein Gott-Ersatz wie zeitloses Gewahrsein, reine Glückseligkeit oder ewiges Licht? Suchst du nach einem tiefen und kraftvollen Gewahrsein, das alle Unzufriedenheit und alle Probleme im Leben durch Einsicht und Weisheit zum Verschwinden bringt? Suchst du nach einem Rezept, wie du der Unordnung des Lebens entkommen kannst?

Wenn du Freiheit für einen Zustand hältst, suchst du tatsächlich nach einer Art Himmel. Betrachte stattdessen Freiheit als einen Weg, das Leben selbst zu erleben – als steten Strom der Begegnung mit dem, was in deiner Erfahrung auftaucht. Öffne dich dafür, tu das Beste, was du tun kannst, entsprechend deiner Fähigkeiten und dann nimm das Ergebnis an. Übe das immer und immer wieder. Eine Freiheit, die sich nie verändert, wird so zur ständigen Übung mit allem, was du erkennst und verstehst. Es ist eine Weise, sich auf das Leben zu beziehen. Sie trennt dich nicht vom Leben ab. Wie sonst

16 In der nordischen Mythologie ist das der Ruheort der in einer Schlacht gefallenen Krieger, die sich als tapfer erwiesen haben. (Quelle: Wikipedia)

können Menschen, die im Gefängnis oder in einer anderen einschränkenden Umgebung üben, sagen, dass sie selbst in ihrer Gefangenschaft Freiheit finden?

Das Leben ist hart. Doch wenn du das, was gerade geschieht, siehst und akzeptierst, auch wenn es dir schwerfällt und wehtut, entspannen sich Geist und Körper. Es ist eine ganz besondere Erfahrung, wenn wir das, was gerade erscheint, vollständig erleben, ohne Trennung zwischen Gewahrsein und Erfahrung. Manche nennen es Freude, aber es ist keine oberflächliche oder aufgeregte Freude. Sie ist tief und still, eine Freude, die in einem gewissen Sinne immer da ist und immer auf dich wartet, aber meist nur dann berührt wird, wenn Herausforderungen, Schmerz oder Unglück dir keine andere Möglichkeit lassen, als dich zu öffnen und alles anzunehmen, was in deinem Leben geschieht.

Andere nennen es Wahrheit, aber das ist ein aufgeladenes, irreführendes Wort. Es enthält die Vorstellung von etwas, das außerhalb der Erfahrung selbst existiert. Wahrheit als ein Konzept steht im Gegensatz zu etwas, was für nicht wahr gehalten wird. Diese Dualität führt zwangsläufig zu hierarchischer Autorität, zu institutionellem Denken und Gewalt.

In dieser Freiheit bist du frei von den Projektionen der Gedanken und Gefühle. Du lebst wach und gegenwärtig. Reaktionen tauchen weiter auf, aber sie kommen und gehen von selbst, wie Schneeflocken, die auf einen heißen Stein fallen, wie Nebel in der Morgensonne oder wie ein Dieb in einem leeren Haus.

Was ist Freiheit?
Nicht mehr und nicht weniger als ein Leben in Wachheit.

10

Jedes Wesen hat einst für dich gesorgt wie eine Mutter.
Wie kannst du glücklich sein, wenn sie alle endlos leiden?
Erwecke Bodhicitta,
um alle Wesen ohne Ausnahme zu befreien.
Das ist die Übung eines Bodhisattva.

Was bedeutet Bodhicitta[17], der erwachte Herz-Geist?

Nimm dir einen Moment Zeit und denke an all die Wesen in der Welt – an Menschen aller sozialer Schichten, an Tiere, auch Insekten – Abermillionen und -milliarden. Jedes Wesen ist genau wie du. Es hadert mit dem Leben, jedes auf seine Weise, und alle kämpfen ums Überleben, ringen mit Veränderung oder darum, in all dem einen Sinn zu finden.

Stell dir vor, du hast die Fähigkeit, all diese Wesen von ihren Kämpfen und von den daraus entstehenden Schmerzen zu befreien. Stell dir nun vor, dass du eines nach dem anderen befreist, im Laufe zahlloser Äonen, gleichgültig, wie lange es dauert.

Während du daran denkst, zahllose Wesen in zahllosen Äonen zu befreien, denke daran, dass es keine Wesen gibt. All

17 Bodhicitta, erwachter Herz-Geist, von *bodhi*, wach, und *citta*, Herz-Geist. Das ist der Wunsch, zum Wohle aller Wesen zu erwachen und aus dieser Haltung zu leben und sein Bestes zu tun.

diese Wesen und all dein Bemühen sind bloß Lebenserfahrungen, nicht mehr und nicht weniger.

Dann fällt alles von dir ab. Ruhe genau hier – in offener Klarheit. Da ist nichts – aber was für ein Nichts! Das ist der erwachte Herz-Geist, Bodhicitta.

Öffne dich der Welt, dem ganzen Universum aus dieser leeren Klarheit. Du erlebst Freude und Schmerz, Schönes und Hässliches, Liebe und Hass, Verwirrung und Weisheit und alles dazwischen das ganze Panorama des menschlichen Lebens.

Was spürst und fühlst du? Eine Mischung aus Frieden und Freiheit und auch aus Traurigkeit und Mitgefühl. In deinem Herzen ist ein Sehnen, der Wunsch, alle Wesen zu unterstützen, mit ihrem Leben gut umzugehen, sodass sie nicht mit dem Leben hadern, nicht von reaktiven Emotionen getrieben werden, nicht verblendet und verwirrt sind, weil sie nicht wissen, wer und was sie sind und warum sie leben. Auch das ist Bodhicitta.

In der tibetischen Tradition wird diese Einstellung oder Haltung durch die Vorstellung entwickelt, dass jedes Wesen einmal deine Mutter war – unendlich viele Mütter kümmern sich um dich im Laufe unendlich vieler Leben. Das ist ein poetisches Bild für das weite und komplexe Netz von Beziehungen, aus dem unser Leben besteht.

Schau dir die Punkte an, wo du mit dem Leben haderst. In jedem findest du eine Entfremdung, eine schmerzliche Erinnerung, ein unangenehmes Grundgefühl, eine alte Furcht.

Sie alle sind in Beziehungen entstanden. Immer wenn du eine Situation erlebst, in der diese Beziehung mitschwingt, bringt das diesen Anteil ins Spiel und du haderst. Du bist nicht frei, bis alle deine Anteile befreit sind. Alle Beziehungen, alle Wesen, all diese reaktiven Muster!

Im Zen findet die Sehnsucht, dieser Wunsch, zu befreien und frei zu sein, Ausdruck in den Vier Großen Gelübden, jap. *Shigu Seigan Mon*[18]:

Zahllos sind die Wesen:
Ich will sie alle befreien.
Zahllos sind die emotionalen Muster:
Ich will sie alle auflösen.
Zahllos sind die Tore der Erfahrung:
Ich will sie alle zulassen.
Zahllos sind die Weisen des Erwachens:
Ich will sie alle entdecken.

Der Wesen sind unendlich viele.
Ich gelobe, sie alle zu retten.
Die Leidenschaften sind unerschöpflich.
Ich gelobe, sie alle zu überwinden.
Der Tore der Wahrheit sind unzählbar viele.
Ich gelobe, sie alle zu durchschreiten.
Der Weg des Buddha ist unendlich.
Ich gelobe, ihn bis zum Ende zu gehen.

18 1. Fassung: Zen-Institut Deutschland. 2. Fassung: S. Wetzel.

Du hast mit Menschen zu tun, die sich verirrt haben – mit unendlich vielen Wesen. Jede Begegnung löst ein Muster in dir aus – unendlich viele Muster. Jedes Mal, wenn ein Muster befreit wird, jedes Mal, wenn du dir in der Erfahrung deiner Reaktionen bewusst bist, bis du sie loslassen kannst, öffnet sich ein Tor. Ein Tor zu einer Erfahrung, die du noch nicht kennst – unendlich viele Tore. Jedes Tor führt dich zum Erwachen, in neue Dimensionen des Lebens – unendlich viele.

11

Alles Leiden entsteht aus dem Wunsch
nach deinem eigenen Glück,
und völliges Erwachen aus dem Wunsch, anderen zu helfen.
Tausche daher dein Glück ein für das Leid der anderen.
Das ist die Übung eines Bodhisattva.

Gib den Wunsch nach Glück auf. Schlag ihn dir aus dem Kopf.

Wenn du sagst: »Ich will glücklich sein«, sagst du, dass du es nicht bist. Du beginnst, nach etwas zu suchen, was dich glücklich macht. Du gehst ins Kino oder einkaufen, bist mit Freunden zusammen, kaufst dir eine neue Jacke, einen Computer oder Schmuck, liest ein gutes Buch und befasst dich mit einem neuen Hobby, alles in dem Bemühen, glücklich zu werden. Je mehr du versuchst, glücklich zu werden, umso mehr verstärkst du die Überzeugung, dass du es nicht bist. Du kannst versuchen, das zu ignorieren, aber die Überzeugung bleibt.

Das gilt selbst in engen Freundschaften, wenn du eine

Freundin triffst, jemandem hilfst oder andere gute Dinge tust. Solange deine Aufmerksamkeit darauf liegt, wie *du* dich fühlst, was *du* davon hast, betrachtest du die Beziehungen als einen Handel. Denn dein Fokus liegt darauf, wie *du* dich fühlst, bewusst oder unbewusst. Du stellst dich selbst an erste Stelle und die anderen an die zweite.

Diese Haltung trennt dich ab vom Leben und dem Ganzen deiner Welt. Du sitzt dann unweigerlich da und fühlst dich zu kurz gekommen, in deiner Familie, bei deinen Freundinnen und Freunden und im Beruf. Dieses Ungleichgewicht breitet sich aus und wirkt sich auf alle um dich herum und weit darüber hinaus aus. Der Händlergeist, der nur seinen eigenen Vorteil sucht, ist das Problem der modernen Welt.

Was würdest du tun, wenn du das Streben nach Glück aufgeben könntest? Um es etwas dramatischer zu sagen: Nimm an, dir wird gesagt, dass du niemals glücklich werden wirst, egal was du tust. Niemals. Was würdest du dann mit deinem Leben anfangen?

Du könntest zum Beispiel mehr auf andere achten. Du könntest sie akzeptieren, wie sie sind, statt nach einem Weg zu suchen, wie du sie dazu bringen könntest, deinen Vorstellungen zu entsprechen. Du könntest beginnen, dich auf das Leben selbst einzulassen, statt einen Weg zu suchen, wie du ihm entkommen kannst. Du könntest eher bereit sein, dich auf das einzulassen, was das Leben dir beschert mit all seinen Aufs und Abs, statt ständig zu wollen, dass es anders ist, als es ist.

Hier kommt die Übung des *Nehmens und Gebens* ins Spiel.

Nimm alles an, was du nicht willst, und gib her, was du willst. Nimm an, was unangenehm ist, und gib her, was du angenehm findest. Nimm Schmerz an und gib Freude her.

Das klingt krank oder, wie jemand einmal sagte, es klingt nach emotionalem Selbstmord. Aber dieser Ansatz wirkt gegen die tiefsitzende Gewohnheit, dich an die erste Stelle zu setzen und alle anderen an die zweite. Er benutzt den Händlergeist, um ihn zu zerstören. Denn du gibst alles her, was dich glücklich macht, und nimmst alles an, was andere unglücklich macht.

In traditionellen Unterweisungen wird geraten, *Nehmen und Geben* mit dem Atemrhythmus zu verbinden. Mit dem Einatmen nimmst du den Schmerz und das Leid der Welt an.[19] Mit dem Ausatmen gibst du der Welt deine Freude und dein Glück. Übe das mit jedem Aspekt deines Lebens – mit dem Guten wie mit dem Schlechten, mit Hässlichem und Schönem. Beziehe es auf alles, was du erlebst, innen und außen.

Siehst du andere Menschen hadern, aus welchem Grund auch immer, stell dir vor, du nimmst ihr Leiden an und schenkst ihnen deine Erfahrungen von Frieden, Glück und Freude. Es spielt keine Rolle, was sie sind – reich oder arm, krank oder kriminell. Wenn sie leiden, nimm ihr Leiden an und schenke ihnen Freude, Glück oder das Wohlbefinden, das du erlebst, erlebt hast oder erleben willst. Wenn sie Schmerzen haben, nimm ihren Schmerz an. Schenke ihnen dein Wohlbefinden. Wenn sie anderen Schmerzen zufügen, nimm

19 Siehe Foßnote 8, Seite 23.

den emotionalen Aufruhr oder die absichtliche Ignoranz an, die sie dazu bringt, anderen Schmerzen zufügen zu wollen. Schenke ihnen die Liebe, das Mitgefühl und Verständnis, das du bekommen hast oder bekommen möchtest.

Versuche nicht, das Leben, wie du es erlebst, zu korrigieren. Was auch immer du erlebst – einen obdachlosen Menschen, der frierend auf einer vereisten Türschwelle sitzt, eine Freundin, deren Partner sie gerade wegen einer anderen Frau verlassen hat, einen Verwandten, der unter chronischen Schmerzen leidet, Nachrichten über Hunger, Krieg oder die verheerenden Folgen von Gier, Korruption oder engen Vorstellungen – worin auch immer der Schmerz besteht, nimm ihn an.

Sei nicht geizig. Schenke den anderen alles und jedes, alles, was dir Freude bereitet. Bist du erfolgreich im Beruf? Verschenke deinen Erfolg. Hast du Geld auf der Bank liegen? Verschenke die Freude über deinen finanziellen Wohlstand. Genießt du deine Intelligenz, die Fähigkeit, klar zu denken und Probleme zu lösen? Verschenke sie. Bist du talentiert, musikalisch, körperlich oder künstlerisch? Verschenke dein Talent. Freust du dich über Freundinnen, Freunde und Gefährten? Schenke sie alle her.

Berühre mit jedem Austausch den Schmerz und die Unzulänglichkeiten der Welt und deine Freude und deine Fähigkeiten. Nimm den Schmerz an und verschenke deine Freude.

Führt diese Praxis zum Glück? Nicht im Geringsten. Sie hilft aber, das Leiden und Hadern der anderen besser zu verstehen. Welche Höhen und Tiefen, Freuden und Schmerzen sie auch erleben, du kannst bei ihnen sein, denn du weißt, das Leben ist nicht perfekt, und du erwartest nicht, dass es das ist.

Wie mein Lehrer es einmal ausdrückte: »Wenn du wirklich allen ihr Leiden abnehmen und es ganz in dich aufnehmen könntest, mit einem einzigen Atemzug, würdest du zögern?«

12

Selbst wenn jemand aus Verzweiflung und Verlangen
dir alles stiehlt oder andere zum Stehlen verleitet,
widme ihm deinen Körper, deinen Wohlstand
und alles Gute, das du je getan hast oder tun wirst.
Das ist die Übung eines Bodhisattva.

Wie man mit Verletzung und Beleidigung üben kann.

Das ist der erste von sechs Versen, in denen es Tokmé Zongpo darum geht, wie man mit Verletzung, Beleidigung oder dem Unbegreiflichen üben kann – mit Situationen, die üblicherweise Ärger und Wut auslösen. In allen diesen Situationen wird der Ärger als Grundlage für die Übung des *Nehmens und Gebens* genommen.

Du kommst nach Hause. Irgendwas fühlt sich seltsam an. Die Eingangstür steht offen. Vorsichtig gehst du hinein. Das Wohnzimmer ist in Unordnung, dein Computer und Fernseher sind weg. Du gehst ins Schlafzimmer. Dort ist alles auseinandergerissen, Schubladen stehen offen und überall liegt Kleidung herum. Der Safe fehlt, in dem du deine Wertsachen aufbewahrst, und auch dein Schmuck ist weg. Du wurdest ausgeraubt.

Du fühlst dich nicht mehr sicher. Dein Zuhause fühlt sich fremd und feindlich an. Du weißt nicht mehr, wem oder was du trauen kannst. Und du bist wütend auf den Dieb, der in dein Haus eingebrochen ist. Wütend auf dich selbst, weil du nicht vorsichtiger warst. Wütend auf eine Welt, in der Menschen stehlen. Du willst, dass der Dieb gefunden und bestraft wird. Du willst, dass er fühlt, wie es ist, ausgeraubt zu werden. Du willst, dass er fühlt, wie es ist, erschrocken und verängstigt zu sein.

Du tauschst die Schlösser aus und baust eine Alarmanlage ein, holst einen Experten, der die Schwachstellen im Haus findet und behebt. Du weißt, dass du es nun für einen anderen Dieb viel schwerer gemacht hast, einzubrechen. Und doch kannst du nachts nicht mehr gut schlafen. Du bist weiterhin wütend, empört und nachtragend. Du hast das Gefühl, etwas verloren zu haben: das Gefühl der Sicherheit. Und du weißt nicht, wie du es wiederfinden kannst.

Unsere Kultur und Gesellschaft verleiten dich zu der irreführenden Denkweise, dass das, was du besitzt, Auto, Möbel, Kleider und Geld tatsächlich dir gehören. Der Diebstahl erschüttert diese Illusion. Das ist zweifellos eine schmerzvolle Art zu lernen, aber der Dieb hat dir die Augen geöffnet, und du siehst jetzt, dass das, was du besitzt, nicht wirklich dir gehört. Du kannst deinen Besitz nutzen, aber er kann dir jederzeit weggenommen werden.

Was tust du?

Du kannst dich natürlich weiter von Wut und Empörung auffressen lassen und schlecht schlafen. Oder du nutzt diesen Diebstahl, um Mitgefühl zu entwickeln, den Bann des Besitzdenkens zu brechen und ein wenig aufzuwachen.

Beginne mit deinem Schmerz und deinem Ärger. Du wurdest verletzt, körperlich und emotional. Das ist eine Tatsache. Daran gibt es nichts zu beschönigen. Öffne dich für den Schmerz in deinem Körper und in deinem Herzen. Schau, wie viel du davon erleben kannst, bis du es nicht mehr aushältst und dich Gefühle der Wut, Angst und Verletzung überschwemmen. Es hilft nicht, wenn dich diese Gefühle völlig überwältigen. Geh bis an die Grenze, die du aushalten kannst und bleibe dort.

Richte dann die Aufmerksamkeit auf die Person, die dich bestohlen hat. Spüre, wie bedürftig und verzweifelt, wütend oder gefühlskalt man sein muss, um jemanden zu bestehlen, ob zwanghaft oder aus Hinterlist. Und jetzt gib der anderen Person in Gedanken alles, was sie braucht, um frei zu sein und in Frieden zu leben. Mach das immer wieder, spüre die Bedürftigkeit, Wut und Härte dieser Person und nimm sie an, und spüre und schenke ihr dein Glück und deine Fürsorge und deinen Respekt für andere.

Was geschieht da? Du spürst in deinem Körper, wie es ist, so verzweifelt, kaltschnäuzig oder rücksichtslos zu sein. Diese Gefühle anzunehmen, mag unangenehm sein, aber tu es trotzdem. Du möchtest vielleicht auch dein Wohlergehen und Glück nicht hergeben. Es ist ja deins. Schenke es her.

Das ist keine Übung zum Wohlfühlen. Versuche nicht, sie dazu zu machen. Tu es einfach.

Irgendwann ändert sich etwas. Dein Erleben von Schmerz verschiebt sich vom Gefühl der Bedrohung zu einer Sinneswahrnehmung. Diese Veränderung machst nicht du. Sie ist nicht deine Entscheidung. Sie geschieht von selbst. Etwas in dir verschiebt sich und du erlebst den Schmerz anders. Nun kannst du anders als vorher den Schmerz des Diebes, der dich bestohlen hat, annehmen. Er mag intensiv und unangenehm sein, aber du kannst ihn in dich aufnehmen. Du kannst auch den Schmerz von anderen annehmen, die bestohlen wurden, und den Schmerz von allen, die rauben und stehlen. Du verstehst, wie zerstörerisch dieser Schmerz ist und wie er die Seele tötet, und du wünschst allen, frei davon zu sein.

Du kannst auch deinen Wohlstand, dein Vergnügen und deine Dankbarkeit für das Leben großzügig an andere verschenken. Du kannst ihnen deine Großzügigkeit und Offenheit, deinen Respekt für andere und die Freude des Teilens und Schenkens geben. Du schenkst das alles mit einem freien und offenen Herzen sowohl jenen, die bestohlen wurden, als auch denen, die stehlen. Vorurteile und Bewertungen verschwinden und du spürst eine unerwartete Freude.

Wenn du das lange genug übst, erkennst du, dass alles wie ein Traum ist. Du siehst, wie du Geschichten erzählst – das ist mein, das ist dein, dein, mein, mein, dein –, die dich zu der Illusion verleiten, dass dir etwas gehört. Diese Geschichten geben deinem Leben eine Struktur.

Nichts gehört wirklich dir. Dein Auto nicht. Du benutzt es bloß, solange du dafür bezahlst. Wird es gestohlen, gehört es nicht mehr länger dir. Dein Zuhause gehört dir nicht. Du bezahlst die Miete und dafür kannst du es als dein Zuhause nutzen. Die Bücher in deinem Haus gehören dir nicht. Wenn es eine Überschwemmung gibt, ein Feuer ausbricht oder ein Dieb kommt, kannst du sie nicht mehr verwenden. Selbst das Geld auf deinem Bankkonto gehört dir nicht. Du kannst es bloß verwenden. Es kann dir durch Betrug, einen Fehler der Bank, durch Trickbetrüger, Marktschwankungen oder durch Inflation genommen werden.

Alles was du hast, sind deine Erfahrungen jetzt. Nur das gehört dir. Alles andere ist eine Vorstellung oder eine Geschichte, eine Interpretation und ein Traum. Wenn du aufwachst und verstehst, dass alle diese Vorstellungen über das Leben nur Schall und Rauch sind, spürst du einerseits einen gewaltigen Verlust, aber auch große Erleichterung. Du spürst grenzenloses Mitgefühl mit Menschen, die in einem Traum gefangen sind und nicht darüber hinaus schauen können.

13

Selbst wenn du nichts Falsches getan hast
und dennoch jemand deinen Kopf fordert,
nimm all sein Übelwollen aus Mitgefühl auf dich.
Das ist die Übung eines Bodhisattva.

Dein Telefon klingelt. Deine Chefin ruft an.

Ohne jede Vorwarnung fällt sie über dich her. Sie ist so wütend und aufgebracht, dass du sie kaum verstehen kannst. Was es auch sei, du bist schuld. Das ist sicher. Sie sagt dir, was sie unternommen hat und tun wird. Diese Worte kommen laut und klar herüber, aber du kannst sie nicht glauben. Als sie fertig ist, legt sie auf.

Du bist geschockt. Sprachlos. Du kannst nicht glauben, was gerade geschehen ist. Du hast deine Arbeit verloren. Obwohl du gar nichts getan hast! »Womit habe ich das verdient?«, fragst du dich. Du greifst nach einer Erklärung – sei sie psychologisch, soziologisch, neurologisch, biologisch, physiologisch, epistemologisch, ontologisch, astrologisch oder mythologisch – egal welche Erklärung. Hauptsache, sie erscheint dir logisch.

Wenn der Schock dann nachlässt, kommen emotionale Reaktionen. Du fühlst dich abgeschnitten von anderen, alleine, isoliert, ungeliebt und nicht wertgeschätzt. Du bist wütend, empört und möchtest am liebsten alles kaputtmachen, was in deine Nähe kommt.

Im nächsten Moment willst du über allem stehen und glaubst, das Universum sage dir, was du zu lernen hast. Es ist ein Spiel der Leerheit, der Tanz des Kosmos. Dann fällst du zurück in den Schmerz und die Verzweiflung. In einem Moment bist du bereit für ein selbstzufriedenes Martyrium, im nächsten Moment planst du kalt, wie du die ganze Firma fertig machen kannst.

Du hast dich in emotionalen Reaktionen verirrt. Was tun?

Auch hier schlägt Tokmé Zongpo *Nehmen und Geben* vor.

Nimm das Gift der Wut an, das deiner Chefin und von allen Wesen. Gib Verständnis und Liebe. Nimm den Schmerz der Zurückweisung an und gib deine Freude des Annehmens. Nimm Verlust und Angst an und gib deinen Wohlstand und deine Zuversicht.

Die Geschichten laufen trotzdem weiter. Du denkst: »Es ist nicht fair.« Du rekonstruierst im Kopf, wie es dazu kommen konnte, dass dir gekündigt wurde wegen etwas, das du nicht getan hast. Aber es ist zu spät. Die Welt dreht sich weiter. Du bist, wo du bist, und es ist nicht fair. Nimm von allen Wesen überall die Ungerechtigkeit auf dich, die sie erleben. Nimm das fehlende Verständnis und auch den Schmerz derjenigen auf dich, die ungerecht sind, verurteilen, kritisieren, bestrafen. Gib Gelassenheit, Unparteilichkeit, Geduld und Verständnis.

Was bringt dich dazu, auf Fairness und Gerechtigkeit zu setzen? Wenn du übst und den Anteil in dir spürst, der sich Gerechtigkeit und Fairness wünscht, bist du vielleicht überrascht, wie jung er sich anfühlt. Oft ist es der Wunsch eines Kindes, das gerade mit dem unvorhersehbaren Durcheinander klarkommen muss, das Leben heißt. Dann trifft es dich. Deine Chefin war wirklich aufgebracht. Sie schrie dich an wie ein Kind im Wutanfall.

Mit dieser Einsicht verändert sich dein Üben mit *Nehmen und Geben*. Du verstehst, dass ihr Schmerz genauso Schmerz ist wie dein Schmerz. Du nimmst ihren Schmerz mit in deinen hinein, zusammen mit dem Schmerz aller, die verletzt wurden oder durcheinander sind wegen der Unberechenbarkeit der

Welt. Gib ihnen die Wärme deiner Liebe, die zärtliche Berührung deiner Geduld und den Frieden des Gleichmuts angesichts der unausweichlichen Ungerechtigkeit des Lebens.

Lass alle Sorge um Gerechtigkeit und Fairness los. Das sind Ideale, Vorstellungen, die deine Muster mühelos verdrehen und nach Gutdünken umformen können. So führt das Üben nirgendwohin. Dann verlierst du dich im Interpretieren, in begrifflichem Denken, unbewussten Vorurteilen und Neigungen. Berufe dich nicht auf eine höhere Wahrheit, denn dann beanspruchst du die Macht und das Recht, über andere zu entscheiden.

Richte deine Aufmerksamkeit stattdessen auf deine Erwartungen und Träume und nimm sie mit in die Übung des *Nehmens und Gebens* hinein. Nimm all die verlorenen, zerbrochenen und nicht gelebten Träume an, die Menschen jeden Tag erleben. Schenke ihnen allen Erfolg und alle Freude, die du je erlebt hast.

Übe *Nehmen und Geben* und öffne dich für den ganzen Schmerz und das ganze Leid der Welt und nimm sie an. Übe und öffne dich für die ganze Freude und das ganze Glück in dir und gib es her.

Übe auf diese Weise, bis die Gedanken und Projektionen weniger werden und du klar und wach bist in der Erfahrung des Gebens und Nehmens.

Je nachdem kannst du vielleicht mit deiner Chefin reden oder etwas tun, um das Gleichgewicht wieder herzustellen. Es kann auch sein, dass das nicht möglich ist. Was du tun kannst, weißt du erst, wenn dich deine emotionalen Reaktionen nicht mehr stören und du frei bist von der Verwirrung des begrifflichen Denkens.

Das ist die Übung eines Bodhisattva.

14

Selbst wenn jemand auf der ganzen Welt üble Gerüchte
über dich verstreut, preise seine Fähigkeiten immer und
immer wieder, mit einem offenen Herzen voller Liebe.
Das ist die Übung eines Bodhisattva.

Das Gerücht ist überall.

In der ganzen Stadt wird darüber geredet. Du wirst immer wieder gefragt: »Wie konntest du das tun?« Egal wie oft du sagst: »Ich habe das nicht getan« oder: »So war es nicht«, die Fragen und Vorwürfe gehen weiter. Dein Einspruch zählt nicht viel. Was du auch sagst, die anderen verdrehen es und verwenden es gegen dich.

Das Gerücht wird im Internet verbreitet. Ein beliebtes Blog greift es auf, und Menschen, die dich nicht persönlich kennen und nichts über dich wissen, äußern sich zu deinem angeblich abscheulichen Verhalten. Eine andere Internetseite greift es auf und dann die nächste.

Jedes Mal, wenn du davon hörst und darüber liest, fühlst du dich, als ob du körperlich angegriffen würdest. Dein Bauch krampft sich zusammen, die Brust schmerzt, du krümmst dich und hast Schwierigkeiten beim Atmen. Wut, Schock, Ungläubigkeit, Sorge, Angst und Panik überfluten dich. Du bist ein Symbol für Fehlverhalten geworden, ein Symbol für das, was Menschen am meisten hassen und fürchten.

Du weißt, wer dafür verantwortlich ist. Du weißt genau, wo das Gerücht anfing, aber du kannst nichts tun. Der Gerüchtemacher reagiert gleichgültig auf dein Flehen und will anscheinend, dass so viele Menschen wie möglich dich in einem möglichst schlechten Licht sehen.

Du willst nicht mehr nach draußen gehen. Wenn du es tust, hoffst du, dass dich niemand erkennt.

Du fühlst dich schikaniert, verletzt, isoliert und von allen üblichen menschlichen Verbindungen abgeschnitten. Du bist wütend und möchtest zurückschlagen, die Vorwürfe widerlegen, deinen Ruf verteidigen und die Quelle der Gerüchte angreifen. Du willst Rache. Du willst Gerechtigkeit. Du willst dein Leben zurück. Du willst Vergeltung üben, nur um nicht mehr hilflos zu sein. Aber du fühlst dich hilflos.

Jeder einzelne Gedanke dreht sich um dich.

Du machst dir Sorgen über den Schaden und das Leid für die, die dich kennen, dich respektieren oder zu dir aufschauen. Auch dabei dreht es sich nur um dich.

Fang hier an. Jede Vorstellung über dich selbst ist nicht wahr. Es sind bloß Vorstellungen. Alle Vorstellungen, die andere über dich haben, sind nicht wahr. Was geschieht? Vielleicht öffnest du dich ganz unerwartet. Übe jetzt *Nehmen und Geben*.

Nimm den Schmerz von allen an, die die Messerstiche

übler Nachrede kennen und aus den Wunden falscher oder irreführender Anschuldigungen bluten. Gib ihnen deine eigene Erfahrung, respektiert und gelobt, geliebt und bewundert zu werden. Nimm den Schmerz von allen an, die solche Gerüchte verbreiten und den Ruf anderer beschädigen wollen. Nimm den Schmerz, die Bosheit, Wut oder Verbitterung, die sie antreibt. Gib ihnen alles, was du aus deinem Leben kennst, was den Schmerz beruhigt, die Wut entschärft und die Verbitterung befreit.

Gehe mit jedem Atemzug, so weit wie du kannst, und bleibe dabei gegenwärtig und wach dafür, wo du bist, was du erlebst und was du tust. Spüre beim Annehmen des Schmerzes sein Stechen, aber verliere dich nicht darin. Gib deine Erfahrung von Wertschätzung auch dann, wenn du spürst, wie sehr du sie für dich behalten willst.

Öffne dich und nimm den Schmerz an, der deinen Angreifer antreibt. Nimm ihn zu deinem Schmerz dazu. Spüre ihn ganz und so tief, wie du kannst. Gib ihm im Gegenzug dein Verständnis und deine Wertschätzung. Lass sie aus dir herausströmen wie ein Fluss aus Mondlicht, wohltuend, beruhigend. Er heilt alles, was er berührt. Während dieser Fluss aus dir hervorströmt, spürst auch du seine Berührung. Du kannst dich deinem Schmerz noch mehr öffnen, dem deines Angreifers und dem Schmerz aller, die durch Gerüchte und Verleumdung verletzt wurden, und auch dem der Menschen, die andere durch Gerüchte und Verleumdung verletzen.

Dabei erkennst du, wie du an deinem Ruf hängst. Nimm die Anhaftung und den Schmerz des Anhaftens. Nimm den

Stolz, den der fühlt, der angesehen ist und gelobt und bewundert wird. Gib allen das hohe Ansehen, das Lob und die Bewunderung, die du je bekommen hast. Gib ihnen die Freude, wertgeschätzt zu werden.

Schritt für Schritt erkennst du, dass es nichts in dir gibt, das angegriffen, verleumdet oder schikaniert werden kann. Auch gibt es nichts, das gelobt, geachtet oder idealisiert werden kann. Du merkst, dass du nicht dein Ansehen bist. Du besitzt es nicht. Es gehört dir nicht. Du bist es nicht und es ist nicht du. Es besteht aus einer Ansammlung von Gedanken und Gefühlen im Geist von anderen darüber, was du getan hast, was sie darüber gehört haben und was sie vermuten.

Etwas in dir lässt los. Du verstehst, du kannst die Welt nicht kontrollieren. Nun nimm den Schmerz aller Wesen darüber, dass sie das eigene Leben nicht kontrollieren können. Gib ihnen die Freude, frei von Erwartung und Furcht zu leben.

Übe auf diese Weise *Nehmen und Geben* und spüre jede Facette: Verleugnen und Verleugnet-Werden, Loben und Gelobt-Werden. Wenn du alles erleben kannst, das Gute und das Schlechte, dann gibt es nichts mehr, an dem du festhalten oder das du abwehren müsstest.

Was geschieht nun in deinem Herzen? Vor dem Schmerz der Welt kannst du deinen eigenen Schmerz akzeptieren. Dein Herz öffnet sich für andere, für die Person, die dich verleumdet hat, für alle, die verleumden oder verleumdet werden.

Diese Einsichten gehen über Vorstellungen hinaus. Berührst du deinen eigenen Schmerz und dadurch den Schmerz der Welt, gibt es wirklich keine Feinde. Du hast einfach keine mehr.

Für viele Menschen sind diese Anleitungen nur Lippenbekenntnisse. Sie ziehen sich in eine Idealisierung von Bodhisattvas zurück. Sie nutzen die Verhaltensregeln, um ihre Wut und ihr Verletztsein zu kaschieren. Sie lassen die Intensität ihres Schmerzes nicht zu und lassen die Welt in ihrem Schmerz allein. Das ist verständlich. Oft ist es unglaublich beängstigend, wenn du spürst, was in dir vorgeht. Wenn du frei sein willst, hast du aber keine andere Wahl.

15

Selbst wenn dich jemand vor aller Augen
demütigt und verrät,
sieh diese Person als deine Lehrerin an
und ehre sie voller Respekt.
Das ist die Übung eines Bodhisattva.

»Wie konnte ich das nur tun?«, fragst du dich.

Du weißt es nicht und schämst dich in Grund und Boden. Du hast einen Fehler gemacht. Du weißt, dass du einen Fehler gemacht hast, und du haderst damit, das zu akzeptieren. Du hast dich entschuldigt. Du hast dein Bestes getan, um die Sache wieder zurechtzurücken, aber du musst mit den Folgen leben.

Du hast auch nach besten Kräften versucht zu verstehen, wie du diesen Fehler machen konntest, und dir ist klar, dass das nie wieder vorkommen wird. Nun kannst du es zur Seite legen und dein Leben fortsetzen.

So läuft es aber nicht immer. Ein paar Leute finden heraus, was geschehen ist, und klagen dich nun öffentlich an. Sie fordern, dass du zur Verantwortung gezogen wirst. Du fragst dich: »Warum tun sie das?« Du hast dich entschuldigt und alles getan, um die Sache zu bereinigen. Was geht sie das an?

Ihre Beschuldigungen lassen dich deinen Fehler wieder und wieder erleben, hunderte und aberhunderte Male. Jedes Mal, wenn du dich wieder an den entscheidenden Moment erinnerst, zucken heftige heiße Empfindungen durch deinen Körper, und du zitterst und bebst innerlich. Eine Art Urangst wühlt in deinen Eingeweiden und dreht dir den Magen um. Du möchtest dich in eine dunkle Ecke verziehen, dich erbrechen und die Welt vergessen lassen, dass du existierst. Im nächsten Augenblick willst du deine Angreifer attackieren, ihnen ihre Schwächen um die Ohren hauen. Du fühlst dich nackt, bloßgestellt, verraten. Ohne Privatsphäre.

Du bist im Würgegriff der Scham. Dein Versuch, diesen Anteil auszublenden, ist gescheitert. Deine Gegner haben dich genau mit dem in Berührung gebracht, was du ignoriert hast.

Ist es nicht genau das, was ein Lehrer oder eine Lehrerin macht? Sie bringen dich in Kontakt mit den Anteilen in dir, die du ausblendest. Die meisten Lehrer nutzen dafür keine öffentliche Beschämung und Demütigung, aber sie weisen dich auf die Punkte hin, wo du nicht wach oder bewusst bist, damit du mit ihnen arbeiten kannst.

Denke daran und übe *Nehmen und Geben*. Nimm den Schmerz an, den dein Fehler bei anderen verursacht hat, den Schmerz der unmittelbar Betroffenen und von all denen, die Ähnliches erleben. Gib deine gute Gesundheit, dein Glück und besonders alles Schmerzlindernde, das du aus eigener Erfahrung kennst. Nimm den Schmerz von allen an, die ähnliche Fehler gemacht haben, und gib ihnen dein Verständnis, deine Geduld und deine Fürsorge. Nimm die Wut und den Schmerz von denen, die dich demütigten. Gib ihnen deine Dankbarkeit und die Wertschätzung dafür, dass sie auf das Vergessene und Verdrängte hinweisen.

Scham ist hart. Sie bringt dich in Berührung mit einer Geschichte von Verrat, Selbstverrat, Ehre, Schuld und Tabu. Du spürst, dass du ein universelles Gesetz verletzt hast, dass du nicht länger Mensch genannt werden kannst, dass du der Unterste der Unteren bist, der Schlechteste der Schlechten, und dass man dir das nie vergessen wird. Immer wieder flackert Wut auf, um dich von dem Gefühl abzulenken, schlecht und ekelhaft zu sein.

Du bist besessen von deiner Identität, deinem Ichgefühl. Im Kontext buddhistischer Übungen ist das alles Wasser auf deine Mühlen. Scham wird als wertvoll gesehen, denn sie bringt dich dazu, deine Impulse zu bändigen, und sie wirft ein Licht darauf, wie wichtig dir dein Ansehen vor dir selbst und vor anderen ist.

Versuche beim Üben deine Aufmerksamkeit offen und

weit zu halten, sodass sie deinen Körper, aber auch die ganze Welt und das ganze Universum in dein Gewahrsein einschließt. Übe *Nehmen und Geben* mit allen. Beziehe gleichzeitig den Anteil von dir ein, den du nicht sehen wolltest. Halte ihn einfach in deinem Bewusstsein, ohne dich darauf zu konzentrieren. Du wirst diesen Anteil möglicherweise unterschiedlich erleben – als kleinen, harten Knoten, als durchdringende körperliche Unruhe, als körperlichen oder emotionalen Schmerz oder als quälendes Gefühl am Rand deines Bewusstseins. Du brauchst nichts damit tun. Beziehe ihn hin und wieder in deine Übung des *Nehmens und Gebens* ein. Nimm deinen Schmerz an und gib dir Wohlbefinden und Freude, genauso wie du es mit allen anderen tust.

Irgendwann geschieht eine Veränderung. Etwas löst sich auf. Du erkennst, dass dein Gefühl der Demütigung nicht anders ist als das, was andere fühlen. All die Geschichten über sie und dich verschwinden. Du kannst nun viel freier den Schmerz der Demütigung annehmen und Freude und Würde ausstrahlen. Geist und Körper sind im Frieden. Der Schmerz ist weiter da, aber seltsamerweise fühlst du dich ganz und vollständig und gleichzeitig, als ob du gar nichts seist.

Dann trifft dich die Einsicht: Ohne diese öffentliche Bloßstellung, ohne die Scham wärst du nicht zu diesem Verstehen und zu dieser Akzeptanz gekommen. Die Muster waren zu tief, das Festhalten zu stark. Die, die dich angeklagt und dich in die Öffentlichkeit gezerrt haben, sind tatsächlich deine Lehrer. In gewisser Weise bist du ihnen dankbar und deine Wut verraucht.

Auch wenn du so vielleicht mit deiner Scham arbeiten kannst, heißt das nicht, dass Scham immer gut für dich ist. Das hängt vom Kontext und von dir ab.

Im Kontext einer Gruppe sichert Scham den Zusammenhalt der Gruppe oder Gesellschaft. Scham ist Grundlage für eine Ethik der Ehre, die unsoziales Verhalten bändigt. Wird Scham zu weit getrieben, führt das zu unsozialem und sogar unmenschlichem Verhalten. So wird zum Beispiel in Duellen nur darum gekämpft, die eigene Ehre zu verteidigen. Ehrenmorde, bei denen ein Vater oder Bruder die Tochter oder Schwester tötet, weil sie vergewaltigt wurde, sind offensichtlich unmenschliche Taten. In diesem Zusammenhang geht es bei Scham um das Ein- oder Ausgeschlossensein von einer Gruppe. Man muss sich entweder den Erwartungen der Gruppe anpassen oder entscheiden, einen eigenen Weg zu gehen.

Eine weitere ungesunde Art von Scham besteht in hartnäckigen und unbarmherzigen Selbstvorwürfen. Sie wirken, selbst wenn weder persönliche Regeln noch die einer Gruppe verletzt wurden. Ihre Grundlage ist ein negatives Selbstbild, das als Überlebensmechanismus durch Missbrauch oder Misshandlungen oder andere schwere Erfahrungen entstand. Diese Art von Scham wird von Hoffnungslosigkeit und Verzweiflung begleitet.

Du kannst Meditationsübungen behutsam nutzen, um den Kern der emotionalen Reaktionen zu berühren, die zu einem derart negativen Selbstbild geführt haben. Oft braucht es aber auch eine freundliche und liebevolle Beziehungserfahrung, um das negative Selbstbild loslassen zu können. Denn die verinnerlichte Scham entstand auch in einer zwischenmenschlichen Beziehung.

Erlebst du Scham, halte einen Moment inne und schau, um welche der drei Varianten es geht. Es kann auch sein, dass alle drei gleichzeitig da sind. Dann musst du sie vorsichtig voneinander trennen. Mit der einen kannst du *Nehmen und Geben* üben, mit der anderen deine Zugehörigkeit zu einer Gruppe klären und mit der dritten Art von Scham tust du, was möglich ist, um sie aus der Welt zu schaffen.

16

Selbst wenn jemand, für den du gesorgt hast,
als wäre er dein eigenes Kind,
dich wie seinen schlimmsten Feind behandelt,
schenke ihm freundliche Aufmerksamkeit,
wie eine Mutter ihrem kranken Kind.
Das ist die Übung eines Bodhisattva.

Du kannst es nicht glauben.

Das Kind, das du großgezogen hast und das dich einst voller Freude und Liebe ansah, schaut dich nun mit kaltem, hartem Blick an. Dein Magen krampft sich zusammen und du ringst nach Atem. Du fühlst dich, als ob ein Messer in dein Herz gestoßen würde oder dich ein Dolch von hinten träfe. Du krümmst dich vor Schmerz und dein Rücken bricht, wenn du dich in die falsche Richtung drehst.

Der größte Schmerz von Eltern, außer der Tod ihres Kindes, ist wohl der Schmerz, wenn ihr Kind sich gegen sie wendet und die Eltern als Feinde ansieht. Wie Shakespeare König Lear sagen lässt:

> Wie viel schärfer als die Zähne einer Schlange ist es,
> ein undankbares Kind zu haben!

Wenn du jemals jemanden aufgezogen, genährt, gefördert oder unterrichtet hast, der sich später gegen dich gewendet hast, kennst du diesen Schmerz ein wenig. Freundlichkeit wird nicht immer erwidert. Kommt sie als Wut, Aggression oder Verrat zurück, ist das wie ein Schlag. Dein Herz bricht, und du kannst es nicht glauben. Immer mehr Gefühle melden sich: Zweifel, Wut, Verzweiflung, Kränkung.

Vergiss, wie das Leben sein sollte. Vergiss, dass dein Kind oder dein Schüler, deine Klientin oder Patientin dankbar sein sollte. Das Gefühl für eine natürliche Ordnung ist Teil des biologischen Programms. Es wird durch Familie, Freunde, Gesellschaft und Kultur verstärkt. Du glaubst daran. Solche Vorstellungen sind Ausdruck einer Überzeugung, einer Vorstellung über die Welt.

Spüre stattdessen deinen Schmerz. Sei wach in dem und für das, was geschieht. Nimm den Schmerz deines Kindes an. Nimm ihn in deinen Schmerz hinein. Nimm deine Wut an. Spüre deine Wut und all dein Verletztsein, den Schmerz oder die Traurigkeit, die damit verbunden sind und nimm die Wut aller in dich auf. Gib die Liebe und Fürsorge, die du in der Vergangenheit gegeben hast. Gib sie wieder und wieder. Gib sie hundert, tausend und millionen Mal. Öffne dein Herz für alle, die verletzt, wütend oder durcheinander sind. Gib ihnen deine Fürsorge, in welcher Form auch immer. Gib deine Sorge, Liebe, dein Wohlergehen, dein Verstehen. Gib alles.

Erwache aus dem Schlaf deiner Überzeugungen, auch so tiefsitzender Vorstellungen über eine natürliche Ordnung des Lebens. Erwache zu der Tatsache, dass es nichts gibt, worauf du zählen kannst, nichts, worauf du dich verlassen kannst, nichts, worauf du vertrauen kannst. Die Klarheit, dass es nichts gibt, worauf du dich beziehen kannst, bedeutet Freiheit. Nichts im Außen und nichts im Innen kann im absoluten Sinne definieren, wer oder was du bist. Du bist, was du bist. Und Leben ist, wie es ist. So wie du jetzt bist, kannst du alles erleben, was dir das Leben zumutet, selbst die Undankbarkeit deines Kindes. Das kannst du. Ruhe in dieser Klarheit und übe weiter *Nehmen und Geben*. Bring Gewahrsein in dein Leben und lass Vorstellungen, Überzeugungen und Geschichten los.

Wut lässt sich auch als Ausdruck natürlicher Intelligenz verstehen, die dir zeigt, dass eine Grenze überschritten wurde. Der Ärger deines Kindes bezieht sich auf eine Grenze in ihm. Dein Ärger bezieht sich auf eine Grenze in dir. Du kennst die Grenze des Anderen nicht, vielleicht noch nicht einmal deine eigene Grenze. Aber diese Grenzen sind da.

Übst du auf diese Weise, wird dein Handeln nicht von Wut gelenkt, weder als Täter noch als Opfer. Du setzt möglicherweise eine Grenze oder streckst vielleicht eine helfende Hand aus. Oder du tust gar nichts. Was du auch tust, es kommt aus Klarheit, aus der Begegnung und Berührung deiner ganzen Erfahrung, innerlich und äußerlich.

Mitgefühl ist dabei nicht Methode, sondern die Frucht der Wachheit und Offenheit für das Leid in dir, in anderen, in der Welt.

Sei vorsichtig, wenn du den Drang verspürst, deine Fürsorge auszudrücken. Unerwünschte Zuwendung kann auch übergriffig sein. Tu einfach, was zu tun ist. Nicht mehr und nicht weniger.

17

Selbst wenn Menschen, die du als gleichwertig
oder unterlegen ansiehst, dich herabsetzen, um selbst besser
dazustehen, behandle sie mit der gleichen Achtung
wie deine Lehrer und verehre sie.
Das ist die Übung eines Bodhisattva.

Du fühlst dich dumm, inkompetent und realitätsfern.

Angenommen, deine Gruppe arbeitet an einem Projekt. Irgendetwas geht schief, und alle suchen nach dem Grund und fragen sich, was nun zu tun ist. Unterschiedliche Leute aus der Gruppe haben unterschiedliche Vorstellungen. Es entstehen Spannungen, und sie kommen als konkurrierende Interessen an die Oberfläche. Du machst einen Vorschlag, weil du denkst, er könne gut für alle sein. Ein Kollege macht darüber einen witzigen Kommentar auf deine Kosten. Du bist verdutzt und sprachlos. Dann bringt er seine eigene Vorstellung vor, die fast identisch ist mit deinem Vorschlag. Weil du nicht beachtet wurdest, nimmt die Gruppe zügig seine Vorstellung an. Du fühlst dich dumm, inkompetent und realitätsfern.

Setzt dich jemand herab, bist du normalerweise nur noch um dich selbst besorgt. Das Leben überrollt dich wie eine Herde wilder Pferde. Du versuchst, ihr auszuweichen, um nicht niedergetrampelt zu werden. Du willst dich an der Mähne eines Pferdes hochziehen und davonreiten. Alles was du tust, dreht sich um dich.

Öffne dich dem, was gerade geschieht. Jemand setzt dich herab und grenzt dich aus. Du bist aufgebracht, ärgerlich, beleidigt. Dein Peiniger hat ein so intensives reaktives Muster in dir ausgelöst, dass du es nicht länger ignorieren kannst. Das rüttelt dich wach. Du hängst an dem, was die Leute von dir halten und wie sich dich sehen. Wenn du das klar erkennen kannst, lassen Groll, Wut und Beschämung nach. Du kannst sogar darüber lachen oder innerlich seufzen. Es hat dich mal wieder erwischt. Der, der dich quälte, war dein Lehrer.

Wie es sich auch anfühlen mag, herabgesetzt zu werden, nutze es für die Übung des *Nehmens und Gebens.* Bist du wütend, nimm den Ärger von anderen an und gib ihnen alle Freude und allen Herzensfrieden, die du je erlebt hast. Bist du nachtragend, nimm das nachtragende Verhalten aller anderen an und gib ihnen Respekt und Wertschätzung. Bist du beleidigt, nimm den Schmerz und das Verletztsein an und gib Lob und Ehre. Bist du durcheinander, nimm die Verwirrung an und gib Klarheit und Einsicht. Nimm den Schmerz des Herabgesetztwerdens an und gib die Wärme der Höflichkeit und Ermutigung. Nimm die reaktiven Emotionen an, die jemanden dazu bringen, andere herabzusetzen, und gib deine Fähigkeit, jeden und jede, selbst deine übelsten Feinde, freundlich und respektvoll zu behandeln.

So ist es möglich, sich von den üblichen Spielregeln der Konkurrenz freizumachen und deinem Angreifer mit Respekt und Rücksicht zu begegnen und zu tun, was zu tun ist.

In diesem Abschnitt beschreibt Tokmé Zongpo, wie wir mit unangenehmen und schmerzhaften Situationen üben und unsere Praxis vertiefen können. Er meint es ernst. Seine Anweisungen sind keine pragmatischen Strategien, um schwierige Situationen zu bewältigen. Sie sind Wege zur Vertiefung deiner Begegnung mit dem Leben selbst, durch die Bewegung hin zum klaren, natürlichen Gewahrsein. Es geht um die Essenz der menschlichen Erfahrung.

Solange dich eine Reaktion im Griff hat, weißt du nicht, was du in einer Situation tun kannst. Reaktionen stören deine Wahrnehmung und engen deine möglichen Antworten ein. Du siehst nicht klar. Du kannst keine klaren Entscheidungen treffen. Und du kannst weder klar handeln noch sprechen. Dies wird erst möglich, wenn du dich dem Gewahrsein öffnest, welches bemerkt, dass du dich im reaktiven Modus befindest. Bewusstheit oder Gewahrsein ist der Schlüssel.

Reaktive Emotionen sitzen tief. Ansichten sind Reaktionen, die sich zu einer Weltsicht verfestigt haben, die nicht hinterfragt wird. Ansichten bilden die Grenze deines vernünftigen Denkens. Reaktive Emotionen wie Stolz, Eifersucht oder Gier werden aktiviert, wenn unsere grundlegenden Ansichten bedroht werden, einschließlich der Ansicht, ein abgetrenntes Wesen zu sein. Gefühle beeinflussen, was und wie du siehst und wie du das, was du siehst, beurteilst – immer im Dienst des bedingten Ichgefühls. Viele Gesten und Bewegungen sind automatische Reaktionen, oft biologisch konditioniert, die Gefühle zum Ausdruck bringen und ihnen Macht verleihen. Gedanken und Geschichten sind überwiegend Reaktionen und geistige Bewegungen, die unsere Aufmerksamkeit einschränken. Sie ignorieren das Gewahrsein, das alle Erfahrungen erkennt.

Nehmen und Geben ist ein Weg, durch mächtige und schwierige Gefühle zum offenen Gewahrsein zu erwachen, jenseits der Projektionen von Gedanken und Gefühlen. Die Verwandlung schwieriger Gefühle gelingt, wenn die Aufmerksamkeit stärker ist als die reaktiven Emotionen. Das können wir allerdings nicht machen oder erzwingen, das geschieht. Hingabe an Mitgefühl erhöht das Energieniveau, und das Bodhisattva-Ideal und die Übung des *Nehmens und Gebens* sind sein Ausdruck.

18

Wirst du ausgeschlossen und verachtet,
bist du niedergeschlagen, schwer krank
oder emotional aufgewühlt, verliere den Mut nicht.
Nimm das Leiden und das Unheilsame aller Wesen auf dich.
Das ist die Übung eines Bodhisattva.

Macht Übung dein Leben besser?

Glaubst du, dass durch Üben und Meditieren dein Leben besser oder wenigstens weniger schmerzlich wird? Schön wär's! Du kannst jederzeit deine Partnerin verlieren oder dein Kind, deine Eltern oder enge Freunde. Durch einen Unfall, durch Überschwemmung, Erdbeben oder Gewalt. Ein Sturz, ein Schlaganfall, ein genetischer Fehler oder ein unbekannter Giftstoff verwandelt dich plötzlich in einen behinderten oder entstellten Menschen. Mit einem Federstrich verschwinden deine Arbeit und dein Lebensunterhalt.

Glaubst du, dass du das durch Meditation verhindern kannst? Sei ehrlich. Alles Mögliche kann dich zum Wahnsinn treiben: eine egozentrische Schwester, ein Auto, das nicht anspringt, ein unerwarteter Stau, ein überheblicher Chef, ein leerer Computer-Bildschirm, Hormonschwankungen ... Dazu braucht es nicht viel. Schwierigkeiten sind Teil des Lebens. Nicht vorherzusagen und nicht zu verhindern. Nicht zu kontrollieren. Kommt dir dein Leben hoffnungslos schlimm vor und siehst du keinen Weg, es zu verbessern, kannst du dann mitten im Leid sitzen bleiben und dir wünschen, dass alle Wesen durch dein Leiden von ihrem Leiden befreit werden?

Denk an eine Zeit, als dich Pech, Unglück oder einfach Unwohlsein belastete. Lass das Gefühl noch einmal lebendig werden. Nimm dann einen Atemzug, warte einen Moment und sage dir: »Ich fühle mich völlig elend, armselig, durcheinander und unglücklich, und ich kann nichts dagegen tun. Aus tiefstem Herzen wünsche ich mir, dass das Leiden von allen, die Ähnliches erleben, zu mir kommt und dass sie frei davon sind.« Nimm mit dem Einatmen das Leid und das Hadern aller an. Denke mit dem Ausatmen an jedes bisschen Freude aus besseren Zeiten und schenke es allen. Auch wenn Wellen von Widerstand kommen, mache den Austausch trotzdem, immer und immer wieder, in Verbindung mit deinem Atem.

Irgendwann verändert sich etwas. Nach ein paar Minuten, Tagen oder Jahren. Niemand weiß, wann. Weder deine Situation noch dein Schmerz, weder dein Unglück noch deine Verwirrung verändern sich. Du hörst einfach auf, dagegen zu kämpfen, damit zu hadern. Das verändert alles.

Etwas Unbekanntes, Namenloses lässt los. Ein Tor öffnet sich. Du entdeckst klares, offenes Gewahrsein mitten in Schmerz und Verwirrung. Gewahrsein ist nicht verschieden von Schmerz und Verwirrung. Schmerz und Verwirrung sind nicht verschieden von Gewahrsein. Es ist nicht dies oder das, und auch nicht das eine ohne das andere. Du kannst in diesem Gewahrsein ruhen, wenn du den Schmerz erlebst.

Du verstehst, dass du erlebst, was alle erleben: Unannehmlichkeiten und Belastungen, das Frustrierende und Tragische des menschlichen Lebens. Weder du noch irgendjemand kann kontrollieren oder vorhersagen, was geschieht. Du erkennst, wie nutzlos Vorwürfe, Wut, Vorurteile oder Selbstmitleid sind. Mitgefühl steigt ganz natürlich auf – du spürst das Leid der Welt, nimmst es an und verstehst es. Du sitzt da mit einem gebrochenen Herzen und ruhst in Frieden.

Es gibt viele Wege, mit Unglück umzugehen. Die Übung des *Nehmens und Gebens* ist einer der einfachsten und kraftvollsten.

19

Und seist du auch berühmt und von allen verehrt
und so reich wie der Gott des Reichtums selbst,
denke daran, dass Erfolg in der Welt vergeht.
Lass dir das nicht zu Kopf steigen.
Das ist die Übung eines Bodhisattva.

Was dich nicht umbringt, macht dich stärker.

Dieser Satz Nietzsches ist wahr. Unglück weckt dich auf. Du musst einen Weg finden, damit umzugehen, so oder so. Wenn nötig, entwickelst du neue Fähigkeiten. Kannst du die äußere Situation nicht verändern, schaust du nach innen. In jedem Fall richtest du mehr Aufmerksamkeit auf dein Leben, und vielleicht arbeitest du auch an dem einen oder anderen reaktiven Muster.

Glück kann dich dagegen schläfrig machen. Dein Leben wird leichter. Das Überleben ist nicht bedroht. Deine unmittelbaren Bedürfnisse sind erfüllt. Du entspannst dich, befindest dich in einer guten Position – gut für reaktive Muster.

Wenn dir das Glück lacht, bist du sicher, dass du die richtigen Entscheidungen für dein Leben getroffen hast. Dein Erfolg beweist, dass du etwas Besonderes bist. Dein Bezug zu anderen verändert sich mehr oder weniger subtil. Du hältst dich für privilegiert und erwartest, dass die anderen dir mit dem Respekt begegnen, der dir zuzustehen scheint.

Durch das Glück ändert sich auch deine Haltung zu Unbeständigkeit und Wandel. Das Leben läuft gut. So soll es bleiben. Du suchst nach Wegen, Wohlstand, Status und dein Ansehen abzusichern. Du gehst weniger Risiken ein. Du wirst konservativer, sorgst dich um den Erhalt des Status Quo und sträubst dich gegen Vorstellungen und Entwicklungen, die dein Glück bedrohen könnten.

Warum rechnest du dir dein Glück als dein Verdienst an? Es ist überwiegend Zufall. Wo du geboren bist, wer deine Eltern sind, welche Möglichkeiten du in deinem Leben hast oder nicht hast – das ist überwiegend Zufall. Du treibst zwar Sport und achtest auf deine Ernährung. Deine Gesundheit hängt aber ebenso von deinen Genen ab. Warum hältst du das für dein Verdienst? Du hast einen guten Beruf. Hast du ihn verdient oder warst du einfach zur richtigen Zeit am richtigen Ort? Und wenn du im Lotto gewinnst, warum gratulierst du dir heimlich zur Wahl der richtigen Zahlen?

Wenn du all das Gute in deinem Leben für dein Verdienst hältst, wieso tust du das nicht auch mit den Unfällen und Fehlern? Lass dich von Wohlstand und Erfolg nicht zu der Annahme verleiten, du könntest Veränderungen aufhalten. Naturkatastrophen, Wirtschaftskrisen, eine neue Regierung, technologische Veränderungen, Krankheit, Krieg – alles – kann dein Glück in einem Augenblick auslöschen. An einem Tag ist es da, am nächsten schon vorbei.

Wie Tokmé Zongpo in Vers neun schreibt:

Das Glück der Drei Welten schwindet
in einem Augenblick
wie Tautropfen auf einem Grashalm.

Wie kannst du das Glück nutzen, um aufzuwachen? Was kannst du tun, um nicht einzuschlafen?

Denk an eine Situation, als in deinem Leben etwas Gutes geschah. Dein Freund hat dir einen Heiratsantrag gemacht. Du hast den Job deines Lebens gefunden. Du hast ein wichtiges Spiel gewonnen. Deine Partnerin ist von einer lebensbedrohlichen Krankheit genesen. Du hast ein unerwartetes Geschenk bekommen.

Spüre deinen Körper, wenn du an solch eine Erfahrung denkst. Ist dein Körper voller Wärme und Wohlbefinden, schenke dieses Wohlgefühl zusammen mit deinem Glück allen Wesen überall. Nimm ihre Schwierigkeiten, ihren Schmerz, ihre Probleme an. Spürst du Anspannung und geht es dir nicht gut, nimm von allen Wesen das gleiche Unbehagen an und schenke ihnen deinen Wohlstand, dein Glück, dein Wohlbefinden.

Übe das auch mit allen Emotionen[20], die hochkommen. Schenke allen Wesen Glück, Freude, Erleichterung und Frieden. Nimm ihre Angst, Ungewissheit und Bedürftigkeit an, nimm sie ihnen ab. Fühlst du dich taub und leblos, nimm von allen die gleichen Emotionen und Gefühle an und schenke ihnen deine Vitalität, deine Freude am Sehen, an Klängen, Geschmack, Berührung und Aromen.

Mach das auch mit allen Geschichten, die du dir erzählst. Schenke das Schulterklopfen, das du dir selbst gibst, wenn

20 Siehe Fußnote 9, Seite 23.

in deinem Leben alles gut läuft. Nimm allen Wesen Schuld und Scham ab. Nimm ihnen Stolz und Selbstgefälligkeit ab. Schenke ihnen Freude, Wertschätzung und Bescheidenheit. Schenke ihnen deine Möglichkeiten, Gutes für andere zu tun. Nimm ihr angestrengtes Bemühen an, mit dem Leben klar zu kommen. Wenn du dich für wertlos und unwürdig hältst, nimm allen Wesen solche Gedanken ab. Schenke ihnen Lob, Ermutigung und Zuversicht.

Öffne dich für alle Körperempfindungen, Gefühle und Geschichten. Erlebe sie alle und nutze sie als Grundlage für *Nehmen und Geben*.

Frage dich zwischendurch: »Wer erlebt das Glück?« Sobald du diese Frage stellst, verändert sich etwas. Ob entspannt oder aufgeregt, dein Körper beruhigt sich auf eine neue Weise. Du hältst Gefühle und Geschichten nicht mehr fest. Schau wieder und wieder auf das, was Glück erlebt. Versuche nicht, es zu verstehen. Schau hin. Irgendwann siehst du, dass da nichts ist, nur die Erfahrung von Glück und das Gewahrsein, das diese Erfahrung erkennt. Sie sind weder verschieden noch eins. Ruhe darin.

Achte nun auf das Glück selbst. Was ist es? Wenn du tief schaust, siehst du, dass Erfolg und Glück nichts Festes sind. Sie sind Erfahrungen, die wie Unglück und Probleme in einem namenlosen, unbeschreibbaren Gewahrsein erscheinen und vergehen. Ein Gewahrsein, das nichts mit Erfolg und Scheitern, Wohlstand und Armut, Glück oder Pech zu tun hat.

Aufregung und das Gefühl, etwas Besonderes zu sein, werden zu stiller Freude und tiefer Wertschätzung. Nährst du diese Freude und Wertschätzung, lullt dich dein Glück nicht ein, und du schläfst nicht den Schlaf der Unaufmerksamkeit, der Selbstgefälligkeit und des Stolzes.

20

Kannst du deine Wut, den Feind in dir, nicht besiegen,
hast du umso mehr Feinde, je mehr du im Außen besiegst.
Entdecke die Macht von Freundlichkeit und Mitgefühl
und besiege deinen eigenen Geist.
Das ist die Übung eines Bodhisattva.

Wut und die Sprache des Krieges.

Tokmé Zongpo spricht über Wut und verwendet dabei die Sprache des Krieges – er spricht davon, Feinde zu unterwerfen, Truppen zusammenzuziehen. Sagt er, wir sollten einen Krieg gegen die Wut führen? Oder meint er es metaphorisch?

Vergiss für einen Moment die Metaphern. Solange du deine Wut nicht auflöst, erlebst du eine Welt der Gegensätze und Konflikte, denn so sieht die Welt aus der Sicht der Wut aus. Gleichgültig wie viele Menschen du einschüchterst, bedrohst, fertigmachst oder zusammenschlägst – es braucht nur eine weitere Unstimmigkeit oder Verunsicherung und schon kämpfst du wieder.

Nun zurück zu den Metaphern. Du bist ein Feuerball, ein rotglühender Stab, ein Fass voll geschmolzenem Kupfer.

Alle, die dir näher kommen, spüren die Hitze. Wenn sie ihr Stichwort verpassen oder den kleinsten Fehler machen, braust Feuer aus deinem Mund und verschlingt sie. Je mehr Menschen du verbrennst, desto einsamer bist du. Je einsamer du bist, desto empfindlicher bist du und umso mehr Menschen verbrennst du. Ein Teufelkreis.

Willkommen in der Hölle – in einer der heißen Höllen, um es genau zu sagen. Nimmst du Tokmé Zongpos Hinweis wörtlich, bleibst du in der Hölle. Selbst wenn du mit den Waffen der Freundlichkeit und des Mitgefühls gegen die Wut Krieg führst, führst du immer noch Krieg. Krieg gegen die Hölle bedeutet, du bist in der Hölle. Krieg ist keine Lösung.

Auf dem buddhistischen Übungsweg gibt es drei Weisen, mit Wut oder anderen starken reaktiven Emotionen zu arbeiten: auflösen, nutzen, umwandeln.

Auflösen: Wenn du Ärger oder Wut auflösen willst, spüre sie, ohne sie auszuleben und ohne sie zu unterdrücken. Metaphorisch gesprochen ist dein Ärger ein verängstigtes, verletztes, einsames Kind, das einen Wutanfall hat. Halte das Kind zärtlich mit Aufmerksamkeit. Mit der Zärtlichkeit kommen die »Waffen« der Liebe und Güte und des Mitgefühls ins Spiel. Halte das Kind. Lass es weinen. Lass es wüten. Reagiere nicht auf den Schmerz, den Kummer, die Angst, auf die emotionalen Ausbrüche. Halte es zärtlich im Arm mit Liebe und Mitgefühl.

Liebe öffnet dich für die Wut des Kindes. Weise es nicht zurück. Versuche, es nicht wegzuschicken. Mitgefühl ermöglicht dir, bei dem Schmerz des Kindes zu sein. Verfestige ihn nicht. Versuche nicht, ihn wegzuschieben. Du kannst ihn nicht zum Verschwinden bringen, aber du kannst mit ihm sein.

Bleibe da und spüre Wut, Schmerz, Verletzung und Verwirrung in dir. Das ist deine Übung – das zu erleben, ohne dich darin zu verlieren. Nach und nach spürt das Kind deine stille Präsenz. Allmählich beruhigt es sich. Irgendwann scheint Einsicht auf, Einsicht in Wut, Verletzung und Verwirrung. Und der ganze reaktive Kreislauf löst sich auf.

Nutzen: Willst du die Wut nutzen, übe *Nehmen und Geben*. Nimm Ärger, Zorn, Hass, Irritation, Groll, Wut von allen Menschen in der Welt an. Nimm ihr Verletztsein, ihren Schmerz, ihre Verwirrung und Traurigkeit an. Schenke ihnen all die Freude, das Glück, den Frieden und die Zufriedenheit, die du kennst und jemals erleben wirst. Nutze deinen Ärger für den Austausch mit anderen. Die Spannung zwischen ichbezogener Wut und Hilfsbereitschaft weckt Energie. Indem du dich beidem öffnest, deiner Wut und dem Schmerz des Menschseins, kann die Wut nicht bestehen bleiben und fällt in sich zusammen.

Umwandeln: Willst du die Wut umwandeln, öffne dich der Erfahrung der Wut vollständig – mit allen Körperempfindungen, Gefühlen und Geschichten – und frage dich dann:

»Was erlebt all das?« Wenn du diese Frage stellst, geschieht eine Veränderung. Du schaust und siehst nichts. Ruhe darin und schau. Schau in Ruhe. Ruhe im Schauen. Irgendwann erscheint die Energie der Wut als Klarheit, als spiegelgleiches, zeitloses Gewahrsein. Das kannst du nicht erzwingen. Wenn du die Fähigkeit entwickelt hast und deine Wut erleben und im Schauen ruhen kannst, geschieht Umwandlung. Du kannst es aber nicht machen.

Die letzte Empfehlung klingt einfach, setzt aber ein hohes Maß an Aufmerksamkeit voraus – eine Stabilität und Klarheit, die es dir ermöglicht, in Ruhe zu schauen, auch wenn du ein Feuerball aus Wut bist. Kämpfst du mit Liebe und Mitgefühl gegen den Ärger an, wird er nur stärker. Der Begriff »Armee« bedeutet hier nicht Kampf und Widerstand, sondern bezieht sich auf die Tiefe und Kraft deiner Liebe und deines Mitgefühls. Es ist möglich, die ganze Wut zu erleben, ohne sie zu unterdrücken und ohne sie auszuagieren.

Wut ist ein reaktiver Mechanismus, der Energie wachruft, damit du reagieren kannst, wenn dein Überleben gefährdet ist. Betrachtest du die Wut als Bedrohung, die beseitigt werden muss, löst du genau diesen Mechanismus aus. Je mehr du gegen die Wut kämpfst, umso stärker wirkt das Überlebensmuster, selbst wenn du mit Liebe und Mitgefühl kämpfst. Du verhältst dich vielleicht so, als wärest du mitfühlend, aber die unaufgelöste Wut schwelt innen weiter, ob es dir bewusst ist oder nicht. Sie schwelt weiter in dir, ohne dass du es bemerkst und kann jederzeit wieder aufflammen.

Üben ist ein Dilemma. Du übst, damit etwas besser wird. Aber damit etwas besser wird, musst du den Wunsch nach Verbesserung loslassen. Du hast es bestimmt schon oft gehört. Es ist wichtig: Übe, aber übe nicht mit der Erwartung auf Resultate. Übe einfach.

21

Sinnesfreuden sind wie Salzwasser.
Je mehr du trinkst, desto durstiger wirst du.
Lass alle Dinge los, an denen dein Herz hängt,
jetzt und sofort.
Das ist die Übung eines Bodhisattva.

Nur noch ein Kartoffelchip.

Du sagst dir: »Nur noch ein Kartoffelchip.« Aber du willst immer mehr. Dafür sind sie letztlich gemacht, dass man immer mehr davon will. Schon ist die Chipstüte leer, und du willst immer noch mehr. Nichts stellt dich zufrieden. Du willst immer noch eine Tasse Kaffee, noch einen Kuss, ein anderes Auto, ein neues Seidenkleid, dies und das.

Schmecken, Riechen, Berühren, Hören und Sehen – du suchst anregende, hinreißende, fesselnde, erotische, spannende, überwältigende Sinneserfahrungen[21]. Bist du je zufrieden? Kannst du je zufrieden sein?

Das Problem ist nicht das Genießen – von Schokolade, Seide oder der Haut deiner Geliebten. Das Problem liegt auch nicht im Objekt deines Genusses. Das Problem ist, dass du dieses eine Gefühl der Zufriedenheit zu deiner einzigen Welt machst und dann dort bleiben willst. Aber die Empfindung geht vorbei und die Befriedigung verblasst. Du willst daran festhalten und sie immer wieder spüren. Gelingt das nicht, fühlst du dich unwohl, unruhig, unvollständig. Du hungerst nach der Sinneserfahrung und dem Gefühl, das sie dir gibt.

Auf der Suche nach Freiheit versuchen manche Menschen, das Problem durch das andere Extrem zu lösen. Sie vermeiden Sinnesfreuden. Askese hat eine lange Tradition. Aus Askese erwächst Disziplin. Dadurch baut man Fähigkeiten auf und entdeckt innere Möglichkeiten, die man vorher nicht kannte. Als Selbstzweck betrieben bedeutet Askese jedoch Verleugnung des Lebens. Körper, Geist und Herz trocknen aus. Eine der großen Einsichten des Buddha war, dass beides, Ablehnung und maßloser Genuss, Sackgassen sind.

21 Alle Sinneserfahrungen, auch das Denken, sind mit körperlichen Empfindungen verbunden, engl. *sensation*. Sie führen zu drei Grundgefühlen, *vedana*, angenehm, unangenehm und neutral. Und darauf reagieren wir mit Gier, Hass und Verblendung in ihren 84 000 Varianten, wie ein traditionelles Bild sehr eindrücklich beschreibt. Alle Erfahrungen sind unbeständig und können keine dauernde Zufriedenheit schenken. Nur das Vertrauen in die Allgegenwart des offenen Gewahrseins gibt uns die Kraft und Fähigkeit, unbeständige Sinnesfreuden zu schätzen, ohne daran festzuhalten, ohne unangenehme Sinneserfahrungen abzulehnen und neutrale zu ignorieren.

Verlangen weckt Hunger und Durst. Wenn du das bemerkst, halte inne. Diese Erfahrungen – manchmal körperlich, manchmal emotional, manchmal beides – lösen biologische Mechanismen aus, wodurch deine Fähigkeit, aufmerksam zu sein, zusammenbricht. Das Verlangen nach dem, was Hunger und Durst stillt, überlagert alles.

Öffne dich stattdessen der gesamten Erfahrung, auch dem Hunger und Durst des Verlangens. Öffne dich allem, was du siehst, wirklich allem. Spüre gleichzeitig auch die Empfindungen, die Bewegung und Berührung auslösen, das Zusammenziehen der Muskeln und alle Anspannung. Dann achte auch auf alle inneren Erfahrungen, auf Reaktionen, Emotionen, Gedanken, Geschichten und Erinnerungen einschließlich Hunger, Durst und Verlangen und allem, was du sonst noch erlebst. Ruhe dann in all dem.

Was geschieht mit deinem Verlangen? Es wird einfach eine der vielen Bewegungen im Feld der Erfahrung. Du erlebst es zusammen mit allem anderen. Was erlebt Verlangen? Auch das ist einfach eine der vielen Bewegungen in deinem Erfahrungsfeld. Bist du das? Dein Geist steht still und es öffnet sich Raum.

Schau nun wieder das Objekt deines Verlangens an. Wie erlebst du es jetzt? Wenn es eine Blume ist, achte auf alle Einzelheiten. Ist es deine Geliebte, nimm die Konturen ihres Gesichts wahr, die zarten Farbnuancen, die Art, wie ihre Haare fallen und wie sie atmet. Eine ganz neue Art von Wertschätzung taucht auf, denn nun siehst du sie frei von Verlangen.

22

Alle Erfahrungen sind dein eigener Geist.
Der Geist selbst ist frei von den Begrenzungen der Begriffe.
Erkenne das und hänge nicht
an der Zuschreibung von Subjekt und Objekt.
Das ist die Übung eines Bodhisattva.

Einatmen und Ausatmen.

Nimm einen tiefen Atemzug und atme langsam aus. Ohne Anstrengung. Wiederhole das dreimal oder häufiger, bis sich Körper und Geist auf natürliche Weise beruhigen.

Denke an etwas. Es kann alles Mögliche sein, aber denke nur an eine Sache – an deine Partnerin, an einen Freund, an eine Blume oder an eine Vorstellung. Es kann ein Wort sein, ein Satz, ein Bild oder ein Klang.

Wo ist der Gedanke? In deinem Geist meinst du vielleicht. Aber was bedeutet das? Ist der Gedanke innerhalb deines Kopfes? Oder außerhalb? Er ist da. Lebendig. Angenommen, du denkst an ein Bild. Wo ist das Bild – innen, außen, wo?

Wenn diese Übung neu für dich ist, wirst du wahrscheinlich von Gedanken und Vorstellungen überwältigt werden und verstehen wollen, wie das geht. Lass stattdessen alles los und fang neu an.

Kehre zu den drei Atemzügen zurück und lass Körper und Geist ruhig werden. Dann denke an etwas. Stell dir die Sache vor, wenn du willst. Wo ist das Bild?

Schau nicht mit deinem Geist. Schau nicht mit den Augen. Versuche nicht, etwas zu verstehen. Schau einfach nur – mit deinem ganzen Sein, auch mit dem Körper. Du erkennst, siehst oder hörst, woran du denkst. Der Gedanke ist definitiv da, aber wo ist er? Versuche nicht, es zu verstehen. Schau nur. Wo ist er?

Du kannst es nicht sagen.

Ruhe darin. Du kannst es nicht sagen, also brauchst du es auch nicht zu versuchen. Ruhe einfach darin, im Ruhen, im Schauen.

Nun nimm ein Gefühl – Ärger, Liebe, Freude, Trauer, Stolz, Mitgefühl – egal welches. Vergegenwärtige dir das Gefühl und frage: »Wo ist es?«

Mit den Körperempfindungen, die mit solchen Gefühlen einhergehen, werden wir uns später befassen. Frage zunächst einfach: »Wo ist das Gefühl?«, und schau genau hin. Was siehst du?[22] Du spürst den Ärger, die Liebe. Du spürst die Körperempfindungen. Doch wo ist das Gefühl? Du sagst: »In meinem Geist.« Aber wo ist das?

Du spürst die Körperempfindungen – Spannung, Zusammenziehen und Enge bei Ärger, Wärme, Entspannung und vielleicht eine andere Art von Spannung bei Liebe. Sind die Köperempfindungen das Gefühl? Da ist auch noch eine emotionale Qualität. Wo ist sie? Du kannst es nicht sagen. Niemand kann es. Ruhe wieder darin. Schauen und Ruhen.

22 Eigentlich geht es hier um Spüren, doch McLeod spielt häufig mit dem Bild des Sehens und Ruhens: »Schau in Ruhe. Ruhe im Schauen.« Daher bleiben wir hier bei dem Begriff »sehen«.

Nun schau ein Objekt an – einen Stuhl, dieses Buch, eine Vase, irgendetwas, was du gerade siehst. Du siehst das Objekt. Aber wo geschieht das Sehen? Wo ist der Ort des Sehens?

Vielleicht denkst du: »In meinem Kopf!« Aber ist das Sehen in deinem Kopf? Wenn du ein Objekt anschaust, das größer ist als dein Kopf, wie soll dann das Gesehene in deinen Kopf passen? »Es geschieht in meinem Geist«, sagst du. Genau, doch wo ist Geist?

Du kannst es nicht sagen.

Mit Gedanken und Gefühlen ist es genauso. Sie sind da, aber du kannst nicht sagen, wo sie sind. Du kannst sehen, aber du weißt nicht, wo das Sehen ist. Mit den anderen Sinnen ist es genauso, nur bist du mit manchen vertrauter. Versuche es zuerst mit dem Hören. Höre dir ein Musikstück an, das Läuten einer Glocke oder das Summen deines Kühlschranks. Wo ist das Hören? Du kannst es nicht sagen.

Genauso ist es mit den Körperempfindungen. Du spürst sie. Du verbindest sie mit bestimmten Teilen deines Körpers, ein Jucken am Rücken, den Stoff des T-Shirts, die Anspannung im Kiefer, wenn du wütend bist, der Schmerz einer Muskelzerrung, ein mulmiges Gefühl im Magen, wenn du auf einer Frage herumkaust. Aber wo geschieht das Empfinden? Du kannst es nicht sagen.

Erinnere dich, was Tokmé Zongpo sagt: Alle Erfahrungen sind dein eigener Geist. Anders ausgedrückt: Alles, was du erlebst, ist Geist. Geist ist kein Ding. Er hat keinen Ort. Geist ist das, was du erlebst. Was du erlebst, ist dein Geist.

Schau dich um, wo du gerade bist. Öffne dich allem, was du siehst und hörst, allem, was du denkst und fühlst. Alle diese Erfahrungen – Sehen, Hören, Fühlen, Denken – sind dein Geist. Das ist ein bisschen wie ein Traum. Ruhe darin für einige Momente und beziehe alles ein, etwas verwundert vielleicht, ein wenig scheu. Es ist eine andere Weise, das Leben zu erleben.

Was erlebt das alles? Versuche nicht, es herauszufinden. Denke nicht über die Frage nach. Stelle nur die Frage und schau. Was erlebt das alles? Schau. Schau in Ruhe. Ruhe im Schauen.

Anfangs ist es nicht leicht, und stabile Aufmerksamkeit ist dafür sehr wichtig. Nach einiger Zeit wirst du eines Erkennens gewahr, eines Gewahrseins, das ohne Denken ist. Es ist klar wie Wasser. Gedanken und Gefühle entstehen aus sich heraus. Es ist wie bei einem Spiegel – du siehst nicht den Spiegel selbst, sondern das, was er reflektiert. So ist Geist. Gedanken, Gefühle und Sinnesempfindungen erscheinen ungehindert. Doch wenn du den Geist selbst finden willst, ist nichts da.

Ruhe darin. Schau in Ruhe. Ruhe im Schauen. Ruhe im Gewahrsein. Gedanken und Gefühle mögen kommen und gehen, doch es gibt keinen Beobachter, keine Zuschauerin. Sie kommen und verschwinden wie Schneeflocken auf einem heißen Stein. Es spielt keine Rolle, ob sich Gedanken auf ein Ich oder ein Objekt beziehen. Es ist nicht wichtig, ob Worte gesprochen werden, ob es Bilder sind oder unklare Gefühle und Empfindungen. Es sind Bewegungen im Gewahrsein, obwohl es nichts gibt, was sich bewegt.

Das ist nichts, was du denken kannst.
Du kannst es nur erleben.

Viele Menschen können nur kurz bei dieser Übung bleiben, bis ihre Aufmerksamkeit nachlässt und sie zurück ins Denken fallen, in den gewöhnlichen Subjekt-Objekt-Modus der Erfahrung. Geschieht das, halte nicht an Veränderungen oder Einsichten fest. Fällt die Aufmerksamkeit zusammen, fällt sie zusammen. Vorbei. Beginne wieder von vorn, mit der Beruhigung von Körper und Geist. Arbeite geduldig daran – baue in Ruhe Fähigkeiten auf, statt etwas verstehen oder machen zu wollen oder an etwas festzuhalten, was vorbei ist.

Im Laufe der Zeit kannst du länger dabei verweilen, ohne die Aufmerksamkeit zu verlieren. Du kannst tiefer und klarer schauen. Wenn du im klaren, leeren Gewahrsein verweilen kannst, lernst du, von dort aus zu leben. Beginne mit einfachen körperlichen Bewegungen, erledige dann einfache sich wiederholende Aufgaben und beziehe dann schrittweise immer mehr Empfindungen und Erfahrungen mit ein und gehe so durch deinen Tag. Du wirst immer wieder herausfallen. Aus diesem Grund nennen wir es Übung.

23

Begegnest du Dingen, die dich erfreuen,
auch wenn sie so schön sind wie ein Regenbogen im Sommer,
halte sie nicht für wirklich und lass Verlangen los.
Das ist die Übung eines Bodhisattva.

Die letzten hundert Schritte kosten dich fast dein Leben.

Und dann hast du es bis zum Gipfel geschafft. Müde, aber beglückt setzt du dich auf einen Felsen und genießt die Aussicht. Unter dir erstreckt sich eine lange Alpenwiese, grün von Berggräsern, übersät mit Pink, Gelb und Blau. Ein silbriges Band wiegt sich vor und zurück, Licht funkelt aus schwungvollen Bewegungen. Das dunkle Grün eines alten Waldes neigt sich zu beiden Seiten der Hügel und Berge, die sich auf der anderen Seite des Tales erheben. In der Ferne schimmern ihre schneebedeckten Gipfel. Links von dir fällt Wasser über einen Felsvorsprung herab. Der Wasserfall zerfällt in dichten Nebel, tanzt mit Regenbögen in der Abendsonne. Über dir ein klarer blauer Himmel, so klar und blau, dass du dich in seinen Tiefen verlierst.

Noch nie hast du dich so lebendig gefühlt, voller Energie, friedlich. Und das sollst du nicht für wirklich halten? Du hörst ein Konzert. Die Schönheit der Musik rührt dich zu Tränen. Und das sollst du nicht für wirklich halten? Du schaust dein Kind an, wie es mit einer Freundin spielt. Ihr Lachen erfreut dein Herz. Das sollst du nicht für wirklich halten?

Stolperst du über dieses Wort? Es hat viele Bedeutungen. Einerseits ist alles wirklich, was du erlebst – einfach, weil du es erlebst. Andererseits ist nichts wirklich, denn du kannst auf keine Erfahrung den Finger legen und genau sagen, was sie ist. Das ist eines der großen Paradoxa des Menschseins. Die Herausforderung besteht darin, in einem Paradox, in einem Geheimnis zu leben.

Nimm eines der genannten Beispiele oder ein eigenes. Einen erhebenden Moment vor einem Kunstwerk, in einer Landschaft, mit einer Freundin oder beim Genuss eines schweren Rotweins am wärmenden Kaminfeuer. In diesem Augenblick fühlst du dich vollständig, ganz, eins mit der Welt. Ruhe darin, spüre die Vollständigkeit, entspannt und offen.

Spüre jetzt, was geschieht, wenn dieser Moment vergeht. Du steigst den Weg wieder hinab, wendest dich von dem Gemälde ab und gehst zu einer Verabredung. Du verabschiedest dich von deiner Freundin. Das Weinglas ist leer und das Feuer heruntergebrannt. Das Gefühl der Vollständigkeit verblasst. Sehnsucht kommt auf. Du denkst an die Aussicht, an das Gemälde und an deine Freundin. Du schmeckst die letzten Spuren des Weines auf deiner Zunge, aber es ist nicht dasselbe. Du fühlst dich weniger vollständig, nicht mehr voller Leben, weniger eins mit der Welt.

Deine Aufmerksamkeit bricht zusammen, wird zu einer bloßen Erinnerung an etwas. Du willst es zurückholen, festhalten, länger behalten. Du willst die Person, die Landschaft, das Gemälde zurück haben. Ohne sie fühlst du dich nicht vollständig. Du bist vollständig, aber du spürst es nicht, weil du nicht mehr das Ganze erlebst. Du beziehst den Wandel nicht mit ein, der in deinen Gefühlen und in deinem Gewahrsein geschehen ist. Du verschließt dich vor dem, was du gerade jetzt erlebst, weil deine Aufmerksamkeit bei dem ist, was war, statt sich dem zu öffnen, was ist.

Was geschieht, wenn du auch das Gefühl der Unvollständigkeit und die Sehnsucht, die damit einhergeht, einbeziehst?

Denk an die Landschaft, an deine Freundin oder an das Gemälde. Spüre die Sehnsucht im Herzen, wie sie sich im Körper zeigt – das Festhalten und das Sehnen –, alles gleichzeitig. Empfindungen, Gefühle und Gedanken tauchen auf und lösen sich im Raum des Geistes auf, wie ein Regenbogen am Himmel. Lass sie da sein, ganz körperlich, sinnlich, verzückt. Wenn du möchtest, frage dich: »Was erkennt das alles?«

Die Art und Weise, wie du das Ziehen der Sehnsucht erlebst, ändert sich. Beides – die Sehnsucht und das Ziehen – werden Empfindungen, körperliche und emotionale. Gleichzeitig erlebst du eine innere Ruhe, ein stilles, tiefes Gefühl, das von nichts abhängt. Und die Erinnerung? Du kannst sie wertschätzen, dich an ihr erfreuen, ohne von der Sehnsucht gestört zu sein.

Was bedeutet Loslassen? Es bedeutet sein lassen.

24

Alle Arten des Leidens sind wie ein Traum,
in dem dein Kind stirbt.
Hältst du Verwirrung für Wirklichkeit,
raubt dir das alle Kraft.
Erlebst du ein Unglück, sieh es als Verwirrung.
Das ist die Übung eines Bodhisattva.

Deine Tochter ist gestorben.

Du hast keine Worte, keine Gedanken. Kein Wort kann deinen Verlust, dein gebrochenes Herz, deine Trauer oder deinen Schmerz ausdrücken. Du sitzt auf dem Sofa, stumm und taub. Dein Zuhause ist dir fremd geworden. Die natürliche Ordnung wurde auf schreckliche Weise erschüttert. Du kannst nicht begreifen, wie das Leben so grausam, herzlos und eiskalt sein kann. Deine engsten Freunde und Freundinnen kommen vorbei, aber sie wandern wie Gespenster durch dein Zuhause. Ihre Beileidsworte klingen wie ein schwaches Echo aus einer anderen Welt. Du bist völlig alleine mit deiner Qual.

Dann wachst du auf. Dein Herz hämmert. Du eilst in das Zimmer deiner Tochter. Dein Herz schlägt bis zum Hals. Da liegt sie friedlich und schläft, das Mondlicht streichelt ihr Gesicht. Dir steigen Freudentränen in die Augen. Etwas verwirrt, fast betäubt stolperst du zurück zu deinem Bett und setzt dich hin.

Es war ein Traum. Nur ein Traum.

Aber die Gefühle waren so wirklich!

Ein Verkehrsunfall, der Verlust deiner Arbeit, ein finanzieller Rückschlag, eine unerwartete Krankheit und vieles mehr – Unglück und Not lösen starke Gefühle und Geschichten aus. So stark, dass sie alles überschwemmen und du faktisch in einem Traum lebst.

Das ist Verwirrung.

Dein erster Impuls ist, das Problem wegzuschieben. Ignorieren! Weg damit! Vielleicht löst es sich von alleine auf. Wenn das nicht gelingt, suchst du die Schuld bei anderen oder bei dir selbst. Du willst Rache, Gerechtigkeit oder Fairness. Du führst einen Kreuzzug, und deine Anstrengungen machen die Welt vielleicht für andere zu einem besseren Ort. Aber dein eigener Schmerz, dein Verlust, deine Trauer sind weiter da.

Du willst es nicht wahrhaben. Du hältst es nicht aus. Du organisierst dein Leben um die Vermeidung herum. Du isst, machst Sport und arbeitest so viel wie möglich. Doch ein Teil deines Lebens bleibt abgeschnitten. Was du auch tust, du fühlst dich nie ganz, vollständig, im Frieden.

Ob du es willst oder nicht, ob es angenehm oder unangenehm ist, erwartet oder unerwartet – alles, was du erlebst, ist dein Leben. So wie alles, was du in einem Traum erlebst, ein Traum ist.

Begegnest du Schwierigkeiten, sind die Gefühle und Geschichten, die als Reaktion auftauchen, genau das: Gefühle und Geschichten. Sie sind Wirbelwinde der Verwirrung, die nicht in dem gründen, was geschieht, sondern in deinen tief verankerten Überzeugungen über dich und deine Beziehung zur Welt. Lass sie wirbeln wie Blätter im Wind. Manchmal fällst du in sie hinein und verlierst den Kontakt mit der Gegenwart, aber immer kommt ein Moment des Erkennens. Kehre dann zurück in deinen Körper, zum Atem und ruhe darin. Verwirrung, Geschichten, Gefühle sind immer noch da. Sie wirbeln weiter, aber du verlierst dich nicht darin.

Ruhe darin. Versuche nicht, deine Gefühle zu kontrollieren. Öffne dich allen Geschichten und Gefühlen, so weit du das kannst, ohne in ihnen unterzugehen. Du erlebst Schock, Desorientierung, Wut, Selbstvorwürfe – reaktive Muster, die dich vor der vollen Wucht des Geschehens schützen. Bleib geduldig sitzen und lass dein System sich selbst sortieren.

Ruhst du in der Verwirrung, trennt das Schritt für Schritt die Verwirrung von dem Problem, mit dem du konfrontiert bist. Der Impuls, dich dagegen zu wehren, ist immer noch da. Frage dich: »Wogegen wehre ich mich?« Und dann: »Muss ich mich dagegen wehren.« Und zum Schluss: »Ist Gegenwehr überhaupt nötig?«

Wenn du dich nicht mehr gegen das wehrst, was in dir geschieht, kannst du darin ruhen und klarer sehen. Was siehst du? Schau in Ruhe. Ruhe im Schauen. Dabei vermischst du Gewahrsein mit Erfahrung und Erfahrung mit Gewahrsein. Kehre zur Klarheit zurück, ohne die Stabilität zu verlieren. Kehre zur Stabilität zurück, ohne die Klarheit zu verlieren.

Lerne der Klarheit vertrauen. Mit der Zeit kannst du handeln, ohne Strategien oder begriffliches Denken. Du brauchst sie nicht.

25

Wer erwachen will, muss sogar seinen Körper loslassen.
Was müssen wir dann noch über das Schenken
von Besitz reden. Sei großzügig
und rechne nicht mit Dankbarkeit oder Ergebnissen.
Das ist die Übung eines Bodhisattva.

Stell dir vor, du begegnest einer Tigerin.

Sie ist zu schwach, um ihre Jungen zu säugen. Ihre Not berührt dich und du legst dich vor sie hin. Aber sie ist zu schwach, um dich zu töten. Mit einem Messer schneidest du deinen Arm ab und lässt das Blut in ihr Maul tropfen. Nachdem sie wieder zu Kräften gekommen ist, tötet sie dich und frisst dich auf.

Diese wohl bekannteste Geschichte aus den früheren Leben des Buddha löst in modernen Leserinnen und Lesern verständlicherweise Verwirrung, wenn nicht sogar Entsetzen aus. Sie berührt dich für einen Moment und du ahnst, was Freisein von Eigeninteresse bedeuten könnte, bis in die Tiefe unserer Biologie.

Berühre diese Freiheit. Was geschieht? Stell dir vor, du nimmst das Echo dieser Berührung in dein Leben mit. Was geschieht?

Die Geschichte von Buddha und der Tigerin ist schrecklich, fürchterlich. Sie ist fürchterlich, denn sie konfrontiert dich mit der Möglichkeit, dass dich wahre Menschlichkeit weit über deine biologische Konditionierung hinausführen könnte. Und sie ist schrecklich, denn sie lässt dich schaudern, umgeht deinen Intellekt und deinen Verstand und bringt dich unmittelbar in Kontakt mit einem unerwartet tiefen Mitgefühl.

Was ist Großzügigkeit? Sie bedeutet Geben. Punkt. Geben ohne Bedingungen, ohne Vorbehalt. Etwas bewegt sich von einer Hand zur anderen, im übertragenen oder im wörtlichen Sinne. Dabei lässt du jede Erwartung los, wie das Geschenk verwendet und was damit gemacht wird.

Jede Erwartung, etwas zurückzubekommen oder etwas in deinem Gegenüber zu bewirken, bedeutet, dass du keine Großzügigkeit übst. Sondern handelst, etwas ausleihst oder jemanden manipulieren willst.

Wie übst du Großzügigkeit?

Schenke jeden Tag etwas her. Es kann eine Heftklammer oder eine Blume sein. Es sollte etwas Materielles sein, das dir gehört. Es kann teuer oder unbedeutend sein, alt oder neu. Aber es sollte dir gehören und ein konkretes Objekt sein. So machst du die körperliche Erfahrung des Gebens und es bleibt nicht nur eine Vorstellung.

Schenke jeden Tag etwas her. Das ist die Übung. Mach keine große Sache daraus. Sprich nicht über deine Übung.

Öffne dich allem, was dabei auftaucht, und lass alles zu: die Hoffnung auf Gegenseitigkeit, Stolz, den Wunsch, gesehen zu werden, Kontrollbedürfnisse, die Erwartung von Dank, Traurigkeit, die Freude am Schenken, Erleichterung, Einsamkeit, Anhaftung an das Geschenk, Irritation über die Übung und so weiter. Lass alle inneren Hindernisse zu, die dem Geben im

Weg stehen, zusammen mit allen körperlichen und emotionalen Empfindungen, mit den Geschichten und Assoziationen. Übe das jeden Tag und schau, was im Laufe von Wochen und Monaten geschieht.

Das ist der erste von sechs Versen über die sechs Paramitas[23]: Großzügigkeit, Ethik, Geduld, Energie oder Ausdauer, Sammlung oder meditative Stabilität und Weisheit.

Sie mit »Vollkommenheiten« oder »Perfektionen« zu übersetzen ist nicht wirklich angemessen, auch wenn dies die bestmögliche Übersetzung im Deutschen zu sein scheint. Inzwischen sind das die Standardbegriffe. Weder in Sanskrit noch im Tibetischen bedeutet der Begriff »etwas perfekt machen« oder »in etwas vollkommen sein«. Es geht vielmehr um die transzendierende Qualität, die wirkt, wenn du aus völliger Klarheit heraus handelst und dein Handeln nicht von reaktiven Emotionen und begrifflichem Denken gestört wird.

Wie übst du die Paramita der Großzügigkeit? Schenke jeden Tag eine Sache her und öffne dich der gesamten Erfahrung. Frage dich: »Wer gibt?« Beantworte die Frage nicht. Denk nicht darüber nach. Stell einfach nur die Frage. Du wirst eine Veränderung erleben, zuerst nur für ein oder zwei Sekunden. Frage dich das jeden Tag, wenn du etwas schenkst. Schritt für Schritt hält die Veränderung etwas länger an. Ruhe darin.

23 Die sechs Paramitas, sind Übungen, die uns verwandeln. Manche nennen sie Perfektionen, Vollkommenheiten oder transzendierende Handlungen. Wir verwenden meist den Begriff Paramita und erklären die Bedeutung im Glossar.

Mit der Zeit merkst du, dass du beim Geben mit jedem Mal wacher und präsenter wirst. Dann denkst du nicht mehr über das Geben nach. Es geschieht einfach – ohne Denken, ohne dir dabei deiner selbst bewusst zu sein, ohne Stolz, ohne Anhaftung, bedingungslos, ohne Hintergedanken.

So kommst du in Kontakt mit der Paramita der Großzügigkeit. Du gibst. Du gibst jemandem etwas, und er oder sie nimmt es an. Es ist ganz natürlich, angemessen, überhaupt nichts Besonderes.

26

Da du ohne ethische Disziplin
nicht einmal für dich selbst sorgen kannst,
ist dein Wunsch, dich um andere zu kümmern, nur ein Scherz.
Achte auf dein Verhalten, ohne Rücksicht auf Konventionen.
Das ist die Übung eines Bodhisattva.

Sollen wir bleiben? Sollen wir gehen?

1995 und 1996 bedrohten sowohl Guerilla- als auch Regierungstruppen neun Zisterzienser-Mönche im Kloster »Notre Dame de l'Atlas« in Tibhirine in Algerien.

»Sollen wir bleiben? Sollen wir gehen?«, fragten sie einander. Sie wussten, dass sie in Gefahr waren, und jeder von ihnen hatte die Wahl, nach Frankreich zurückzukehren oder in Algerien zu bleiben. Sie sprachen darüber und beteten. Jeder für sich und gemeinsam. Jeder Mönch entschied sich dafür, das Leben fortzusetzen, das er gewählt hatte: ein Leben des Gebets, der Kontemplation, der Hilfe für die Bevölkerung und der Hingabe an den Willen Gottes. Keiner von ihnen hatte das Gefühl, um einer Sache willen zu leben oder zu sterben. Sie sahen ihre Entscheidung nicht als Versuch an, die Welt zu verändern. Sie folgten einfach ihrer Berufung, ihrer Übung.

Im Frühjahr 1996 wurden sieben von ihnen entführt und umgebracht. Aus unserer gewohnten Sicht hatte ihre Entscheidung keinen Sinn. Ihr Überleben war bedroht. Es ging ihnen nicht gut, und sie wussten, dass sie in Gefahr waren. Es war auch nicht klar, ob ihre Entscheidung zu bleiben, irgendeine Bedeutung in einer größeren Perspektive hatte. Für diese Mönche und für alle, die einen spirituellen Weg gehen, bedeutet Leben mehr als Überleben, Glück oder Sinn.

Ethik bezieht sich zunächst darauf, wie du dein Leben leben willst und was du tust, wenn es bedroht ist, ob es um das körperliche Überleben oder das Überleben einer Beziehung, eines Jobs oder einer Gemeinschaft geht.

Wofür stehst du? Wann bekennst du Farbe? Manchmal stellt sich die Frage, wofür du bereit bist, zu sterben. Es geht hier nicht um eine Ethik, die dein Leben besser macht. Es geht um die Übung der Ethik, die das Leben selbst ist. Frage dich: »Wofür wäre ich bereit zu töten oder zu sterben?« Die Frage bezieht sich auch auf das Töten, denn, wenn du dich entscheidest, für etwas zu sterben, hast du dich auch bereits entschieden, dafür zu töten.

Wenn du ethisch handelst, bedeutet das auch, dass es dir nicht darum geht, glücklich zu werden oder alte emotionale Bedürfnisse zu erfüllen. Denke an eine alte Freundin, mit der dich eine lange und tiefe Freundschaft verbindet. Soll die Freundschaft deine alten emotionalen Bedürfnisse erfüllen? In der Regel ist es nicht das, wofür wir eine Freundschaft schätzen. Du schätzt die Freundschaft selbst, nicht, was sie dir bringt oder was jemand für dich tut. Es ist keine Berechnung dabei und wenn doch, ist es keine Freundschaft, sondern ein Handel.

Sieh dein Leben nicht als etwas an, das dir Glück, Befriedigung oder die Erfüllung alter Bedürfnisse bringen soll. Lebe das Leben um des Lebens willen, was auch immer es dir bringt. Das führt zu einer anderen Frage: Was liebe ich an meinem Leben und wie lebe ich diese Liebe?

Ethisches Handeln führt dich in eine Beziehung zum Leben, die über Sinn oder Zweck hinausgeht. Sinn und Zweck sind abstrakte Konzepte, die dich in einen abstrakten Bezug zum Leben führen. Dann siehst du dich als ein Etwas, das unabhängig von Zeit und Kontext existiert. Das ist natürlich Unsinn, aber wie leicht lassen wir uns dazu verführen, diese Identität und unseren Ruf und das, was wir erreicht haben, zu schützen, zu behaupten, weiterzuentwickeln oder zu verbessern. Je mehr du dich um Zweck, Sinn oder Identität sorgst, desto weniger Verbindung hast du mit dem Leben selbst. Dann kommt eine dritte Frage: »Was bin ich, abgesehen vom Leben?«

Die Ethik deines Lebens ist Ausdruck deiner Verbundenheit mit dem Leben. In Abwandlung eines Zen-Sprichwortes[24]:

Tiefe Verbundenheit, tiefe Ethik.
Wenig Verbundenheit, wenig Ethik.
Keine Verbundenheit, keine Ethik.

27

Für Bodhisattvas, die sich nach Tugend sehnen,
ist eine Person, die sie verletzt, ein kostbarer Schatz.
Übe Geduld mit allen. Lass dich nicht irritieren
und hege keine Vorbehalte.
Das ist die Übung eines Bodhisattva.

Reaktive Emotionen.

Wie ernst ist es dir damit, dich durch deine reaktiven Emotionen hindurchzuarbeiten? Bist du wie Johannes vom Kreuz, der spanische Mystiker aus dem 16. Jhd.? Er wurde von der Inquisition gefoltert und dann begnadigt. Um das Unrecht zumindest ein wenig zu entschädigen, ließ man ihm die Wahl, ein Kloster zu wählen, in dem er leben wollte. Er entschied sich für ein Kloster, dessen Abt ihn verachtete. Auf die Frage,

24 Der ursprüngliche Vers lautet: Kleiner Zweifel, kleine Erleuchtung. Großer Zweifel, große Erleuchtung. Mit Zweifel ist hier nicht Unentschlossenheit, sondern die Haltung des radikalen Hinterfragens gemeint.

warum er das tat, antwortete er, er wolle seine Übung der Geduld vertiefen.

Bist du wie Atisha, der indische Meister aus dem 11. Jhd.? Als er nach Tibet ging, nahm er einen besonders unausstehlichen Jungen mit in seiner Entourage, um Geduld üben zu können.

Was ist mit deinem Mitbewohner, der seinen Müll in der Küche nie wegräumt? Oder mit der Kollegin neben dir im Büro, die ständig ein Lied summt und das auch noch falsch? Oder mit dem Kundendienstmitarbeiter, der ruhig und leise ablehnt, dir bei deinem Problem zu helfen? Oder mit der Person, die dein Auto anfährt und danach dir die Schuld für die Beule an ihrem Auto gibt?

Es ist nicht so einfach, solche alltäglichen Irritationen als Chancen und kostbare Schätze zu sehen.

Wenn dir jemand auf die Füße tritt, im wörtlichen oder im übertragenen Sinne, spürst du eine Welle reaktiver Energie. Wut, Frustration, Verletztsein, Panik und Groll brausen durch deinen Körper. Du kannst es nicht aushalten. Wenn du diese Energiewelle nicht bemerkst, überrollt sie dich und manifestiert sich in wütenden Worten. Dann stehst du vor einem Scherbenhaufen, den du aufräumen musst.

Kannst du die emotionalen Reaktionen wahrnehmen oder bemerken und dann den Sturm erleben, ohne sie auszuagieren und zu unterdrücken? Vielleicht verlierst du nicht die Fassung, sondern wendest dich still ab und willst mit dieser Person nichts mehr zu tun haben. Vielleicht fühlst du dich überlegen, wie subtil auch immer, und im Recht. Auch das sind Formen der Unterdrückung, denn die Wut ist weiter in deinem Körper.[25] Reaktive Emotionen sind subtil und gefährlich.

Du musst üben, üben, üben. Solange du daran denken musst, Geduld zu üben, hast du noch nicht genug geübt. Dann fällst du unweigerlich in eine subtile Art des Ausagierens oder Unterdrückens zurück. Das ist schon besser, als mit Schimpfworten um dich zu werfen oder auf deinen Gefühlen sitzen zu bleiben. Aber es ist noch keine Geduld.

Ob es dir gefällt oder nicht, es ist sehr hilfreich, eine Nervensäge in deinem Leben zu haben. Zuerst irritiert dich diese Person. Du tust, was du kannst, um sie zu einem anderen Verhalten zu bringen. Wenn Überreden nichts bewirkt, versuchst du es mit Zwang. Sie bleibt gleichgültig. Was du auch sagst oder tust, sie ändert sich nicht. Die Nervensäge verschwindet nicht. Du hast die Wahl, weiter irritiert zu sein oder … Oder was?

Du beißt die Zähne zusammen, wenn dir klar wird, dass du selbst mit deinen Reaktionen umgehen musst, wenn du jemals Frieden finden willst. Was kannst du sonst tun?

25 Der Kulturpsychologe Erich Neumann unterscheidet in seinem Buch *Tiefenpsychologie und neue Ethik* die beiden Begriffe *unterdrücken* und *verdrängen* so: Wenn wir den Impuls, jemand zu verletzen, bemerken und *bewusst unterdrücken*, um eines höheren Zieles willen, zum Beispiel um dieser Person nicht zu schaden, werden wir erwachsen, wir reifen. Wenn wir den Impuls, jemandem zu schaden, ignorieren und *unbewusst verdrängen*, stecken wir andere mit unseren unbewussten Aggressionen an.

Du fängst an, auf deine Reaktionen zu achten – auf deine Wut, auf deine Empörung und das Gefühl, ignoriert zu werden. Es wird dir bewusst, wie sich dein Körper jedes Mal verkrampft, wenn du diese Person siehst oder mit ihr sprichst. Du bist besessen von Geschichten, wie schrecklich und rücksichtslos sie ist und was für ein edles Opfer du bist und wie schlecht sie dich behandelt. Sie aber ist den ganzen Tag guter Dinge. Du bist die Person, die leidet.

Wenn dir nichts anderes mehr übrig bleibt, achtest du mehr darauf, was in dir vorgeht. Wenn sonst nichts funktioniert, lässt du die andere Person sein, hörst auf, sie verändern zu wollen, und lässt auch deine eigenen Reaktionen sein und hörst auf, sie verändern zu wollen. Sie schlagen hohe Wellen und verlangen Aufmerksamkeit. Du lässt sie kommen und gehen. Und sie kommen und gehen! Sie bleiben nicht. Das ist die erste gute Nachricht.

Die zweite ist, dass du andere Möglichkeiten hast. Natürlich kannst du auch weiter mit den Gefühlen beziehungsweise gegen sie kämpfen. Du kannst sie aber auch beobachten, erforschen oder analysieren. Das kann hilfreich sein, auch wenn man dabei normalerweise leicht ins Grübeln gerät. Sinnvoller ist es, dich den Gefühlen zu öffnen, sie zu untersuchen, sie anzunehmen und zu akzeptieren. So fängst du nicht so leicht an zu grübeln und machst eher die Erfahrung, dass dich deine Gefühle nicht bestimmen müssen.

Wie erstaunlich! Durch die Nervensäge entdeckst du eine Dimension von Freiheit.

Übe das, bis dir diese Freiheit jederzeit zugänglich ist[26], zunächst in einfachen, weniger herausfordernden, dann in zunehmend schwierigeren Situationen.

Die Paramita Geduld beinhaltet noch einen weiteren Schritt in eine andere Qualität von Geduld. Was ist diese Stille, dieser Raum, in dem Reaktionen auftauchen und verschwinden? Wenn du dahin schaust, siehst du gar nichts. Es ist ein bisschen beängstigend, als ob du in die Leere des Weltalls schaust. Etwas lässt dich zurückschrecken.

Auch das ist eine Dimension von Geduld: deine Reaktionen auf diese letztendliche Nichtsheit[27] kommen und gehen lassen. Aber das ist noch nicht das Ende. Hör hier noch nicht auf.

Was sind diese Reaktionen? Schau tief. Sie scheinen sich zu bewegen, aber gleichzeitig ist da nichts, was sich bewegt. Versuche es nicht herauszufinden. Ruhe und schau. Schau und ruhe. Dabei entdeckst du eine Freiheit, die Frieden und Klarheit ist. Gleichzeitig.

26 Genau genommen lernen wir, dieser Dimension von Freiheit zu vertrauen, selbst dann, wenn wir sie gerade nicht spüren und erleben.

27 Damit ist nicht gemeint, dass es »in Wirklichkeit« nichts gibt, sondern dass die Dimension von Freiheit und Offenheit mit dem Verstand nicht zu fassen ist, sie ist aber nicht nichts. Sie ist einerseits leer von allem, was wir darüber denken, aber sie wirkt und hält und trägt uns, was auch geschieht. Das Mahayana nennt sie Buddha-Natur, Wahres Wesen, Urgrund, Dharmakaya, Dharmata (Soheit) usw.

28

Hörer und einsame Verwirklicher
üben nur zu ihrem eigenen Wohl,
und doch üben sie, als stünde ihr Kopf in Flammen.
Willst du allen Wesen helfen,
so widme dich mit aller Kraft deiner Übung.
Sie ist die Quelle aller Fähigkeiten.
Das ist die Übung eines Bodhisattva.

Deine Haare stehen in Flammen.

Dein Kopf brennt. Deine einzige Sorge ist, so schnell wie möglich das Feuer zu löschen. Gehst du so an das Üben heran? Oder übst du widerwillig, mit Abwehr, unter Protest – und nur, weil du spürst, dass es keine Alternative gibt? Tokmé Zongpo sagt nicht, dass du voller Angst und Panik üben sollst. Er spricht von der Qualität und dem Niveau der Energie, die du mitbringst.

Zuerst glaubst du, dass sich dein Leben durch das Üben verbessern wird. Das tut es auch, aber dann verändert sich deine Motivation. Vielleicht hast du tiefer verstanden, dass du sterben wirst und dass es nichts gibt, was du daran ändern kannst. Vielleicht spürst du für Momente, dass das Leben ganz anders ist, und dann willst du dich nicht länger mit der Verbesserung deines Lebens befassen. Du willst deine Beziehung zum Leben selbst verändern.

Dabei geht es immer noch um dich. Daran ist nichts falsch. Du brauchst eine klare, starke Motivation, erst dann hast du die nötige Kraft zum Üben. Die Motivation wird klarer und kraftvoller, wenn du die Welt nicht mehr erobern, berühmt werden und Wohlstand oder Macht ansammeln willst. Du begreifst, dass Reichtum und Fortschritt, soziale Bewegungen und Regierungen, Philosophien und Moden kommen und gehen. Menschen kämpfen um das eine und machen Frieden mit dem anderen, aber es ist immer das Gleiche seit hunderten oder tausenden von Jahren. Du hast genug davon. Du hast genug von der Welt und suchst nun nach innerem Frieden oder Freiheit.

Du hast noch mehr Energie, wenn dir klar wird, dass all deine alten emotionalen Bedürfnisse nie befriedigt werden. Sie sind Geister aus der Vergangenheit. Du verstehst, dass es keinen Weg gibt, etwas ungeschehen zu machen. Du akzeptierst, wohl oder übel, wer du bist, und schaust nach vorne.

Noch mehr Energie wird frei, wenn du nicht mehr deine eigenen Erwartungen oder die anderer erfüllen willst. Du hörst deiner Lehrerin oder deinem Lehrer aufmerksam zu, versuchst zu verstehen, wie die Übungen funktionieren. Dann gehst du deinen eigenen Weg und übst. Die Sorge um dein Überleben, deine Identität und alte emotionale Bedürfnisse lassen nach. Du hast immer mehr Energie fürs Üben, und deine Erfahrungen und Einsichten werden immer tiefer. Es geht aber immer noch um dich, wenn auch auf eine andere Weise.

Nun schau dir das Chaos in der Welt an, den endlosen Kreislauf aus Schmerz und Freude, Gewinn und Verlust, Krieg und Frieden. Du siehst, wie alle ihr Leben lang leiden. Nicht nur du. Sie leiden und leiden und hadern damit. Du bist nicht alleine.

An diesem Punkt verändert sich deine Motivation völlig. Es geht beim Üben jetzt nicht mehr nur um dich. Du willst auch den anderen helfen, sich von ihrem Leiden zu befreien. Du wünschst dir das sehnlichst und von ganzem Herzen.

Ist der Wunsch[28], jedes Wesen im Universum befreien zu wollen, bloß Größenwahn, romantische Idealisierung oder Utopie einer heilen und perfekten Welt? Nein, überhaupt nicht.

Dein Wunsch drückt aus, wie es für dich ist – und nicht, dass du tatsächlich alle Wesen vom Leid befreien wirst und kannst. Aber du willst es, du wünschst es dir. Selbst wenn sich dein konkretes Leben nicht verändert, wirkt diese Haltung in jeder Begegnung mit anderen.

Nimm dir jetzt einen Moment Zeit und denke über die Vorstellung nach, was alles nötig wäre, um alle Wesen überall von ihrer Verwirrung, von ihren reaktiven Emotionen, ihren Projektionen und all ihrem Hadern mit dem Leben zu befreien. Zeit spielt keine Rolle. Tausend Jahre, eine Billion Jahre, zehn Quadrillionen Jahre – Zahlen können dich nicht abschrecken. Tausend Welten, eine Trillion Welten, jede mit Milliarden Wesen. Es spielt keine Rolle. Du tust, was zu tun ist, solange es dauert. Nimm dir etwas Zeit, zu spüren, wie sich diese Möglichkeit anfühlt.

28 Im Unterschied zu einer Motivation, die von alten Bedürfnissen bestimmt wird, geht es hier um eine neue Perspektive, um das Wohl aller. Das ist Bodhicitta, der Wunsch, zum Wohle aller zu erwachen, zu leben und zu handeln.

Um die Paramita der Energie[29] zu entdecken, fehlt noch ein Schritt.

Frage dich: »Wer hilft den Wesen?«, und schau. Schau einfach. Wie zuvor, schau und ruhe darin. Ruhe im Schauen. Schau in Ruhe. Irgendwann verschwindet der begriffliche Geist. Du siehst dann, es gibt kein »ich«, das anderen hilft, so wie es auch keine »anderen« gibt.

Alles, was du tust, ist einfach eine natürliche Antwort auf das, was du siehst und hörst, fühlst und verstehst. Du denkst nicht an andere Wesen, an eine andere Seele oder ein Leben oder eine Person. Solche Gedanken tauchen nicht mehr auf. Du tust einfach, wozu das Leben dich ruft, in jedem Augenblick.

29

Begreifst du, dass emotionale Reaktionen
durch Einsicht und Sammlung zerstört werden,
übst du dich in meditativer Sammlung,
jenseits der vier formlosen Sammlungsstufen.
Das ist die Übung eines Bodhisattva.

Das Zeug im Kopf.

29 In vielen englischen und deutschen Texten wird diese Paramita mit »freudiger *Ausdauer*«, *enthusiastic persevearance*, übersetzt. Der deutsche Begriff »freudige *Anstrengung*«, *joyful effort*, übersieht den zentralen Punkt, dass es hier nicht um Pflichtgefühl und Leistungsdruck geht, sondern um die Freude am heilsamen Tun. Diese Freude ist die Quelle der schier unerschöpflichen Energie der Bodhisattvas. Aber diese Freude wird auch nicht im neutralen Begriff »Energie« ausgedrückt.

Was kannst du gegen all das Zeug in deinem Kopf tun, den endlosen Gedankenstrom, der unaufhörlich von einem Gedanken zum nächsten springt? Meditation scheint einen Weg anzubieten. Du hörst, dass du durch gezielte Aufmerksamkeit auf den Atem oder auf andere geeignete Objekte deinen Geist zur Ruhe bringen kannst. Oder auch, indem du lernst, Gedanken, Gefühle und Empfindungen von selbst kommen und gehen zu lassen.

Wenn du deine Aufmerksamkeit auf den Atem richtest, klappt das, solange du meditierst. Du beobachtest, wie Gefühle und Empfindungen kommen und gehen. Sie kriegen dich nicht zu fassen und stattdessen wirst du dir zunehmend bewusst, wie du einen Schritt zurücktrittst und zum Beobachter wirst.

Im Alltag drängen sich Gedanken weiter auf und stören. In der alltäglichen Geschäftigkeit gehst du normalerweise im Strudel der Gedanken und Gefühle unter und verlierst dich. Oder du fühlst dich als Beobachterin abgetrennt, so als ob du an deinem eigenen Leben nicht teilnähmest.

Du hältst Denken und Gedanken für ein Problem und fragst dich, wie du das Denken zum Aufhören bringen kannst. Dann lernst du, wie du die tieferen Sammlungsstufen entwickeln kannst – zum Beispiel die vier Dhyanas, Pali, *jhana.*[30] Deine Aufmerksamkeit wird immer feiner, subtiler und kräf-

30 Die vier bzw. acht Sammlungs- oder Vertiefungsstufen, *jhana*, siehe Glossar.

tiger. Du spürst, dass du einiges erreicht hast. Aber du wirst weiter von reaktiven Emotionen überrollt, wenn du nicht meditierst.

Nur in der Meditation, im Retreat oder in einer ähnlich günstigen Umgebung bist du so, wie du gerne sein möchtest. Ansonsten scheint das Üben keine großen Auswirkungen darauf zu haben, wie du mit anderen umgehst. Gedanken und unbewusste reaktive Emotionen kommen aus dem Nichts und bringen dich aus dem Konzept. Immer wieder erkennst du die gleichen Verhaltensmuster in deinem Leben. Du verstehst nicht, wieso der Unterschied zwischen Alltag und Meditationserfahrung immer größer wird.

Du denkst, wenn du deinen Geist noch mehr zur Ruhe bringst, wirst du vielleicht frei von Denken und Gedanken. Du ruhst im unendlichen Raum, vollkommen ruhig und friedvoll. Es ist, als ob du keinen Körper hättest, aber es gibt noch ein feines Gefühl von Gefangensein und Begrenzung. Dann ruhst du im unendlichen Bewusstsein. Das Gefühl der Begrenzung ist weg, aber du bist immer noch nicht frei. Dann wird die Ruhe noch tiefer. Jetzt ist nichts mehr, nichts, außer einem vagen Ichgefühl. Die Stille ist so tief, dass du nicht mehr weißt, ob du wahrnimmst oder nicht. Stille und Frieden sind außergewöhnlich tief, aber du weißt nicht, wohin das führen soll.

Diese vier Zustände sind erstaunliche Erfahrungen. Aber etwas fehlt. Du kannst zwar den Geist in eine außerordentliche Ruhe bringen, aber dein Leben kannst du nicht von dieser

Stille aus leben. Sobald du dich bewegst, ist die Ruhe verschwunden.

Dieser Übungsansatz ist ein bisschen so, als ob man auf einem völlig ruhigen See Kajak fahren lernte. Solange der See ruhig ist, geht es einem gut. Doch sobald Wind aufkommt, ganz abgesehen von echten Wellen, verliert man sein Gleichgewicht und kippt um. Man kann zwar seinen Geist beruhigen, aber das nützt nicht viel beim Segeln in den unruhigen Gewässern des Lebens.

Kannst du, wenn du in einem Kajak sitzt, die Wellen ignorieren, die gegen dein Boot schlagen? Kannst du den Wellengang ignorieren, der dich meterhoch auf und ab schleudert? Natürlich nicht. Solange du glaubst, du seist getrennt vom Meer, und versuchst, dich nicht zu bewegen, werden die Wellen dich umwerfen. Du bist im Meer! Du bist nicht getrennt von den Bewegungen des Meeres. Wenn du verstehst, dass du nichts tun kannst, um dich von den Wellen fernzuhalten, wird dir klar, dass du geschmeidig und beweglich werden musst. Dann bewegst du dich mit dem Meer und richtest deine Balance immer wieder neu aus.

Es gibt einen Unterschied zwischen der Freiheit eines ruhigen Geistes und der Freiheit des Nicht-Geistes. Die Freiheit eines ruhigen Geistes ist wie Kajak fahren in ruhigem Gewässer. Es ist friedlich. Du entscheidest, wohin du die Aufmerksamkeit lenkst und sie verweilt dort, weil du ruhig bist. Das ist so gut wie nutzlos für den Alltag. Die Freiheit des Nicht-Geistes ist wie Kajak fahren ohne inneren Bezugspunkt. Du bist nicht getrennt von dem, was du erlebst. Du beobachtest es nicht.

Wie machst du das? Indem du wieder und wieder in das schaust, was man nicht sehen kann, in deinen eigenen Geist. Ruhe ist dabei sehr hilfreich. Aber Ruhe selbst reicht nicht, auch die außerordentliche Ruhe des unendlichen Raumes und des unendlichen Bewusstseins und so weiter nicht.

Du musst verstehen, und um zu verstehen, musst du hinschauen. Schau immer wieder in das, was man nicht sehen kann. Irgendwann siehst du nichts – du siehst wirklich nichts. Du erkennst aus eigener Erfahrung, dass es kein »ich« in dir gibt, keinen Bezugspunkt, nichts. Diese Erfahrung macht den Unterschied. Wenn Gedanken, Gefühle und Empfindungen in deinem Leben auftauchen, erlebst du sie ohne Bezugspunkt. Sie sind kein »anderes«. Du bewegst dich mit ihnen und durch sie, genauso wie du dich mit und durch das Meer mit einem Kajak bewegst.

Was tust du nun mit Gedanken, Gefühlen und Empfindungen? Nichts. Sie sind frei, vollständig frei, aus sich heraus aufzutauchen und zu verschwinden wie Wellen im Meer.

Genauso frei bist du. Warum? Weil du den Verstand verloren hast.

30

Ohne Weisheit führen die fünf Paramitas nicht zu völligem Erwachen. Pflege Weisheit und kluges Handeln, frei von den drei Zuschreibungen. Das ist die Übung eines Bodhisattva.

Worte, Worte, Worte.

So viele Worte versuchen möglichst genau auszudrücken, was Worte nicht fassen können. Was heißt »völliges Erwachen«? Was sind »die drei Zuschreibungen«? Was ist »Weisheit«?

Völliges Erwachen oder Buddhaschaft ist das Aufhören aller Verwirrung. Stell dir das für einen Moment vor – das Aufhören aller Verwirrung. Die drei Zuschreibungen beziehen sich auf den, der handelt, auf die Handlung und auf das Objekt der Handlung. Bei der Großzügigkeit sind die drei Zuschreibungen zum Beispiel die Person, die gibt, das Geben und die Gabe.

Weisheit ist kein Etwas. Sie ist Intelligenz, nicht im Sine eines IQ, sondern als Fähigkeit, zu unterscheiden, was ist und was nicht ist. In anderen Worten, du erkennst, dass Gedanken Gedanken sind und keine Tatsachen. Du erkennst, ein Gefühl ist ein Gefühl. Weisheit ist keine begriffliche Intelligenz. Sie ist ein direktes Erkennen, deshalb kann sie die Verwirrung beenden.

Die erste Paramita Großzügigkeit öffnet dich für das Leben. Sie löst aus sich heraus noch nicht die Verwirrung auf. Du kannst geben und geben und geben und dich immer noch getrennt vom Leben fühlen, denn du bist die, die einer anderen etwas gibt. Schau deshalb auch, wer gibt, wer großzügig ist. Du siehst natürlich nichts, und das ist der Punkt. Ruhe im Schauen auf nichts. Mach das immer wieder, immer wenn du gibst. Eines Tages fällt etwas weg. Dann siehst du keine, die etwas gibt – du siehst nichts. Wenn du gibst, ist da kein Bewusstsein von »ich« auf deiner Seite. Du gibst nicht. Es geschieht einfach, ohne zu denken, zu hadern oder zu reagieren. Es ist fast magisch.

Die Übung der Ethik lenkt deine Aufmerksamkeit auf alltägliche Situationen. Du überlegst sorgfältig, was angemessen ist und tust das Beste, was du kannst. Das ist eine wunderbare Übung, aber das ist noch keine Freiheit, noch kein völliges Erwachen. Weisheit kommt dazu, wenn du fragst: »Wer verhält sich hier ethisch?« Wie zuvor siehst du nichts. Und auch das übst du immer wieder. Irgendwann fällst du für einen Moment in leere Klarheit und tust einfach, was angemessen ist, ohne zu denken, ohne abzuwägen. Auch das ist wieder eine Art Magie.

Bei der Geduld überprüfst du gewissenhaft deine Reaktionen, spürst sie und lässt sie frei. Selbst wenn du mit der Geduld Hiobs ein Ausmaß von Not, Entbehrung, Unannehmlichkeiten und Ärger ertragen kannst, das andere wahnsinnig machen würde – Geduld alleine reicht nicht. Frage wieder: »Wer hat Geduld?« Schau immer wieder hin. Eines Tages hast du überhaupt keine Geduld mehr, weil nichts, kein einziges Molekül in dir verärgert ist oder kämpft. Das »ich«[31], das Geduld übt, ist nicht mehr da.

Mit Energie und stabiler Aufmerksamkeit oder Sammlung[32] ist es genauso. Schau, wer sich bemüht, wer meditiert. Bringe Weisheit in alles, was du tust, indem du immer wieder hinschaust: Wer handelt? Wer tut etwas? Wer sagt etwas? Wenn du hinschaust, siehst du nichts. Schau weiter ins Nichts, bei allem, was du tust.

Zunächst fühlst du dich etwas orientierungslos, ein wenig verwirrt. Dann wird es immer vertrauter, auf diese Weise das Ichgefühl abzuschneiden. Dann kommt ein Moment, wenn »du« für ein paar Sekunden, Minuten oder Stunden wegfällst. Du erlebst eine Freiheit, die du nie erwartet hättest. Es ist so leicht! Du verstehst nicht, wieso du das nicht schon früher erkannt hast.

Alle vertrauten Fähigkeiten sind immer noch da – Großzügigkeit, Ethik, Geduld, Energie und Sammlung. Aber du musst nicht länger darüber nachdenken. Sie geschehen einfach. Alles, was du weißt, ist direkt zugänglich, aber nicht dir, denn du bist nicht da.

Wie kommst du da hin? Genauso, wie du in die Carnegie Hall kommst: üben, üben, üben. Übe und entwickle zunächst bestimmte Fähigkeiten. Übe sie, bis sie dir zur zweiten Natur geworden sind. Dann übe, bis nichts mehr von dir übrig ist.

31 Siehe Fußnote 8, Seite 23.

32 Energie, *virya*, und Sammlung, *samadhi*. McLeod zieht den Begriff *stable attention,* stabile Aufmerksamkeit, vor, aber wir verwenden hier meist den Begriff Sammlung, der im Kontext der Paramitas üblich ist.

31

Hinterfragst du deine eigene Verblendung nicht,
bist du einfach ein Weltmensch, der vorgibt zu üben.
Erforsche deine eigenen Verblendungen und löse sie auf.
Das ist die Übung eines Bodhisattva.

Es reicht nicht, wenn wir aussehen wie jemand, der oder die übt.

Vielleicht kannst du absolut still sitzen beim Meditieren. Du trägst traditionelle Roben, führst Rituale korrekt durch und lehrst und begleitest sogar andere. Doch solange du das tust, um bestimmte Fähigkeiten zu entwickeln, damit du effektiver wirst, deinen Status erhöhen oder deine Identität festigen kannst, bist du nicht auf dem Weg des Erwachens. Warum? Weil du das Üben benutzt, um deine Lebenssituation zu verbessern.

Angenommen, dein Freund hat sich von dir getrennt, deine Frau ist gestorben oder dein Kind wurde bei einem Unfall getötet. Du haderst mit dem Verlust und mit all den schwierigen Gefühlen, die hochkommen. Wenn du versuchst, dein Leiden zu verstehen, versinkst du schnell in Gedanken. Ruhe stattdessen jedes Mal, wenn du übst in der Erfahrung des Atmens und öffne dich allem, was in deinem Körper geschieht. Beziehe alle Erfahrungen von Kopf bis Fuß in deine Aufmerksamkeit ein und lasse alle Körperempfindungen, die du spürst, einfach da sein, als Bewegungen in einem Feld von Aufmerksamkeit, das deinen ganzen Körper umfasst.

Irgendwann wirst du in der Lage sein, den Schmerz des Verlustes klarer zu fühlen. Da ist Trauer und sie ist wichtig. Der Schmerz kommt in Wellen, manchmal wird er von einem vertrauten Gegenstand oder einer Erinnerung ausgelöst, manchmal entsteht er einfach von selbst. Das Netz der Verbundenheit löst sich auf sich und dieser Prozess ist schmerzhaft.

Der Schmerz der Trauer ist kein Spaß. Er fühlt sich vernichtend an – als ob das Innere nach außen gekehrt würde. Letztlich ist auch das eine Empfindung. Der Schmerz an sich verletzt dich nicht, er fügt dir keinen Schaden zu. Während sich das Netz der Verbindung auflöst, kannst du schrittweise den Verlust akzeptieren und allmählich dein Leben weiter leben.

Nun zu dem schwierigen Teil. Wie kannst du Meditation nutzen, um mit schwierigen Gefühlen zu arbeiten? Du kannst üben, um dein Leben zu verbessern. Viele Menschen gehen so ans Üben heran, und viele Lehrerinnen und Lehrer vermitteln Meditation auf diese Weise. Manche Meditationsmethoden eignen sich gut dafür, schwierige Gefühle und schwierige Situationen zu verarbeiten, so zum Beispiel Achtsamkeit, Liebe und Güte, Mitgefühl, das Geistestraining.

Das ist ein nützlicher Ansatz. Er funktioniert, ist pragmatisch, aber im Kern materialistisch. Übe nicht, um dein Leben zu verbessern. Nutze dein Leben, um zu üben.

Geht eine Beziehung zu Ende, kannst du den Schmerz und die aufgewühlten Gefühle nutzen, um deine Übung zu vertiefen, und damit deine Beziehung zum Leben selbst. Wenn du zum Beispiel *Nehmen und Geben* übst, nimm den Schmerz und den Verlust der anderen an und schenke ihnen dein Glück und deine Freude. Nicht, um dir über den Verlust hinwegzuhelfen, sondern um deinen Wunsch, andere vom Leiden befreien, zu vertiefen. Achte auf das, was den Verlust erlebt – nicht um Erleichterung zu finden, sondern um die grenzenlose Tiefe des Seins in der intensiven Erfahrung deines gebrochenen Herzens ganz direkt zu erkennen.

Allgemein gesagt gibt es zwei Phasen auf dem spirituellen Weg: Suchen und Ruhen *(questing and resting)*. Beim Suchen bist du auf der Suche – nach Erwachen, Erleuchtung, Frieden, Freiheit, Weisheit, Gott, einem Zuhause und so weiter. Es geht dir nicht mehr um die Verbesserung deines Lebens, um Heilung, Erfolg oder die Befriedigung anderer konventioneller Anliegen. Mit einem oder mehreren dieser Motive hast du dich auf den Weg gemacht. Aber nun hast du nichts mehr als dein Suchen. Es motiviert dich zu studieren, zu lernen und zu üben. Dein Ziel ist nicht Verbesserung. Es ist eher so, dass dein Leben deinem Üben folgt, und das bedeutet nicht immer, dass es besser wird.

Eines Tages – unmöglich zu sagen, wann und warum – geschieht eine Veränderung. Du hast gefunden, wonach du suchst. Deine Suche ist zu Ende. Zunächst merkst du es vielleicht gar nicht. Es kann sich sogar ein wenig verwirrend anfühlen. Vielleicht bist du schockiert, erleichtert, froh oder du zweifelst.

Dein Üben ist aber nicht zu Ende. Genau genommen öffnen sich so viele Möglichkeiten, dass es sich anfühlt, als ob du jetzt erst zu üben anfingest.

An diesem Punkt verändert sich die Übung. Sie ändert sich vom Suchen zum Ruhen, Erweitern und Vertiefen deiner Einsicht und deines Verstehens. Jede Zielorientierung beim Üben verstärkt alte Muster. Das Ziel selbst verzerrt die Erfahrung. Du erkennst vielmehr, dass du wirklich alle Pläne loslassen musst, selbst die Vorstellung, irgendetwas zu erreichen. Es gibt tatsächlich nichts zu erreichen.

Das übst du. Wenn deine Beziehung zerbricht, übst du nicht, um den Verlust zu verarbeiten, sondern um dem Leben, so wie es sich dir zeigt, wach und präsent zu begegnen.

Als der Sohn einer Zen-Meisterin starb, brach ihr das Herz. Auf der Beerdigung weinte und weinte sie. Ihre Schülerinnen und Schüler waren erstaunt. Sie fragten: »Hast du uns nicht gelehrt, dass alles Illusion ist?« Sie starrte sie an und sagte: »Wenn ihr nicht versteht, dass jede Träne, die ich vergieße, zahllose fühlende Wesen rettet, habt ihr nichts von Zen verstanden.«

Bist du Materialistin im Gewand einer Übenden? Darauf läuft alles hinaus. Übst du, um dein Leben zu verbessern oder nutzt du dein Leben, um zu üben?

32

Du schadest dir selbst durch reaktive Emotionen und durch
dein Klagen über die Fehler der anderen Bodhisattvas.
Sprich nicht über die Fehler derer,
die den Großen Weg gehen.
Das ist die Übung eines Bodhisattva.

Warum kritisierst du andere?

Besonders die, die wie du auf dem spirituellen Weg sind? Wieso glaubst du, du verstündest ihre Situation besser als sie selbst? Was lässt dich annehmen, du wüsstest mehr? Oder bist du bloß eifersüchtig?

Menschen werden dir misstrauen, wenn du die verachtest, die als klug und kompetent gelten. Sie halten dich für neidisch und kleinlich, wenn du deine Mitübenden verachtest. Und wenn du die kritisierst, die weniger klug und kompetent sind als du, werden sich die Leute fragen, warum du ihnen nicht hilfst.

Wenn du darüber schimpfst, wer was falsch gemacht hat, hört dir bald niemand mehr zu. Die Leute werden es leid, dass du das Vertrauen, die Freundschaft oder die Wertschätzung untergräbst, die sie für diese Menschen empfinden. Und sie verlieren jedes Vertrauen in dich. Was willst du damit erreichen?

Wie begründet deine Kritik auch sein mag, du bist ein selbsternannter Experte. Vielleicht ist es dir nicht bewusst, aber du zeigst den anderen, wie arrogant und neidisch du bist.

Du willst ihnen beweisen, dass du intelligent, kompetent, geschickt, kreativ, stark, mutig oder ehrlich bist. Deine Kritik an anderen zeigt, dass du genau vom Gegenteil überzeugt bist.

Wenn du deiner Kompetenz, Fähigkeit und Kreativität wirklich vertraust, brauchst du nichts zu beweisen. Du hast es nicht nötig, zu kritisieren und über die Unvollkommenheit anderer zu schimpfen. Stattdessen kannst du ihnen Unterstützung und Begleitung anbieten und sie ermutigen.

Du denkst vielleicht, du seist besser als die anderen! Aber dem Geist der Kritik fehlt Freude, Einfühlung und Mitgefühl. Er ist hart und stur. Je weniger wert du dich fühlst, desto mehr kritisierst du andere. Je mehr du andere kritisierst, umso mehr verstärkst du die Überzeugung, dass du nicht mithalten kannst. Es ist ein Teufelskreis.

So wie andere sich von dir abwenden, wenn du sie kritisierst, so werden Anteile von dir durch den inneren Kritiker zurückgestoßen. Dieser Kritiker hält ständig Anteilen von dir vor, was sie falsch machen. Sie verschließen sich dann und du verlierst die Verbindung mit den Fähigkeiten dieser Anteile. Doch wie kannst du so offen und bewusst wie möglich sein und kreativ mit den Herausforderungen deines Lebens umgehen, wenn dein innerer Richter und Kritiker ständig Fehler findet, sobald du ein wenig von den hohen, für heilig gehaltenen Ansprüchen abweichst?

Ignorierst du den inneren Kritiker, spricht er lauter und schneller. Schließt du ihn aus, nutzt er deinen Widerstand als Brennstoff für seine Kritik. Je mehr du ihn ignorierst, umso lauter wird er. Das hält einen endlosen Strom von kritischen

Kommentaren am Laufen, über deine Übung und alles, was du tust.

Die Vorstellung, dass du im Grund nicht gut genug bist, ist eine Geschichte – eine tiefsitzende, selbstbezogene und vielleicht sehr überzeugende Geschichte, aber dennoch eine Geschichte. Es ist ein geschlossenes System, das nicht erlaubt, es infrage zu stellen oder dein Leben anders zu verstehen. Nimm dir etwas Zeit und sitze mit diesem inneren Kritiker. Spüre, wie hart, wütend und engstirnig er ist. Willst du so sein?

Nutze eine der zuvor beschriebenen Methoden, um diesen Teil von dir zuzulassen, ohne dich davon überwältigen zu lassen – *Nehmen und Geben, das Ausrichten der Aufmerksamkeit auf Körper, Gefühle, Geschichten* oder *offenes Gewahrsein.* Öffne dich so weit, bis du damit sein und zugleich wach sein kannst. Du wirst darunter ein tief sitzendes Gefühl des Mangels entdecken, nicht gut genug zu sein, den hohen Ansprüchen nicht zu genügen. Du fühlst dich wie ein grundlegender Versager, eine Schwindlerin, ein Niemand.

Vermische Gewahrsein mit der Erfahrung deiner Geschichte und Überzeugung. Irgendwann scheint ein Erkennen auf, nicht intellektuell, sondern als lebendige Veränderung in deinem Körper. Du fühlst dich bodenlos und orientierungslos. Du weißt nicht mehr, wer du bist. Die bekannten Bezugspunkte, auch die viel zu hohen Ansprüche, sind verschwunden. Du erlebst eine Leichtigkeit und Freude, die du noch nie gespürt hast. Es ist, als ob du aus einer dunklen Höhle in die Sonne trittst. Du freust dich über die Erfolge und Bemühungen anderer. Durch dein eigenes Kämpfen weißt du nur zu gut, wie es zu Fehlern kommt oder wie man am Ideal der Bodhisattvas scheitern kann. Du betrachtest die anderen mit Verständnis und Mitgefühl, nicht mit Kritik. Du hast es nicht mehr nötig, auf ihre Kosten Recht haben zu müssen.

Das ist keine banale Sache. Der Geist, der vergleicht, lässt nicht einfach los. Es gibt mächtige gesellschaftliche und kulturelle Kräfte, die ihn aufrechterhalten und verstärken. Besonders dann, wenn du lehrst oder Verantwortung für andere trägst, wird sich der Geist, der vergleicht, immer wieder selbst bestätigen. Du bist nie eine perfekte Lehrerin. Du scheiterst immer an deinen Idealen. Deine Fehler sind dir schmerzhaft bewusst. Es gibt immer Menschen, die du nicht unterrichten kannst. Aber das heißt nicht, dass du im Grunde voller Fehler und Mängel bist, auch wenn dieser Anteil in dir schnell bereit ist, aufzuspringen und das Wort zu ergreifen.

Wenn du den Impuls verspürst, andere zu kritisieren, halte den Mund. Spüre, was dich antreibt. Du vergleichst dich mit anderen, weil sich dieser Anteil »weniger als ...« fühlt. Erkenne das Mangelgefühl und erkenne, dass es ein Gefühl ist, keine Tatsache. Ruhe im Erkennen und übe *Nehmen und Geben*. Nimm die Mangelgefühle von anderen an und schenke ihnen Freude und Freiheit. Je mehr Freude du über andere und über dein Leben spürst, desto mehr untergräbst du das Muster des Kritisierens. Jedes Mal, wenn du das Wissen spürst, dass dieses Muster keine Tatsache, sondern eine Überzeugung ist, bist du befreit und die ganze Welt ist mit dir befreit.

33

Kämpfst du mit anderen um Status und Belohnung,
schadest du deiner Übung,
dem Studieren, Nachdenken und Meditieren.
Misch dich nicht ein in die Angelegenheiten
deiner Familie und deiner Gönner.
Das ist die Übung eines Bodhisattva.

Stell dir vor, du stirbst.

Du stirbst in einer Minute. Wo auch immer du dies gerade liest, halte inne. Du stirbst in einer Minute. Noch eine Minute.

Du hast keine Zeit mehr, um jemanden anzurufen. Keine Zeit, deine Angelegenheiten zu ordnen. Keine Zeit, irgendwelche Probleme in deinem Leben zu lösen. Wo und wie du jetzt gerade bist – das ist es. Du hast noch eine Minute. Dann ist dein Leben vorbei.

Tick, tick, tick, tick ... Vorbei.

Wie hast du die letzte Minute deines Lebens verbracht? Hast du dir Sorgen gemacht um deinen Status im Beruf, in der Familie oder bei deinen Freunden? Ging es dir um Anerkennung, Belohnung oder Bestätigung? Hast du an deinen Besitz gedacht oder wie reich oder arm du bist? Hast du dich damit beschäftigt, was andere nach deinem Tod von dir denken könnten?

Wahrscheinlich wurdest du innerlich still, ganz still. Vielleicht hast du dich umgesehen und alles in dich aufgenommen, was du gesehen hast. Ehrfürchtig stehst du vor dem, was dich erwartet, und fragst dich, wie das Ende des Lebens sein wird.

Wohlstand, Status, Ansehen und Einfluss treiben dich im Leben an. In irgendeiner Weise werden sie alle von der Angst vor dem Tod angetrieben. Doch wenn du dem Tod tatsächlich gegenüberstehst, sind sie das Erste, was wegfällt.

Schau dir deine Familiendynamik an. Wie viel Zeit und Energie hast du investiert, um der Liebling der Familie zu sein, das Kind mit den goldenen Haaren, das rebellische schwarze Schaf, der glücklose Versager oder die Säule der Gemeinschaft? Wieviel Kummer und Trauer erlebst du dadurch?

Schau dir die Beziehungen zu den Menschen an, die dir ein Einkommen ermöglichen, dir einen Beruf oder einen Platz in der Welt geben. Du machst dir Sorgen, was dein Chef von dir hält. Du nimmst selbst die einfachste Routine ernst. Deine Gesundheit leidet unter dem ständigen Stress von Überstunden und Anforderungen. Du verhältst dich höflich und freundlich zu deinen Kolleginnen und Kollegen, obwohl du dich hinter ihrem Rücken heimlich aufwertest. Warum strebst du nach immer mehr Anerkennung, Belohnung und Verantwortung? Du hast so viel in deine Arbeit investiert, doch was bringt es dir am Ende?

Im Licht des Todes siehst du klar, was wichtig ist und was nicht. Du staunst, wie viel Zeit und Lebenskraft du für Angelegenheiten verschwendest, die dir am Ende gar nicht viel bedeuten oder kaum einen Unterschied in deinem Leben ausmachen.

Auf lange Sicht sind Wohlstand, Status und Einfluss viel weniger wichtig als die Erfahrung des Lebens selbst, in jedem Augenblick. Jede Form von Idealismus erscheint großspurig, arrogant und anmaßend. Angesichts des Todes öffnest du dich für das, wovor du dich im Leben oft verschlossen hast. Willst du deine Beziehung zum Leben vertiefen, richte dich auf das Wesentliche aus und lass los, was nicht so wichtig ist.

34

Verächtliches Reden verletzt andere
und schadet der Ethik eines Bodhisattva.
Verletze andere nicht und sprich keine groben Worte.
Das ist die Übung eines Bodhisattva.

Rechte Rede.

Ein Mann kam zu einem Lehrer und bat ihn, sein Schüler zu werden. Der Lehrer schaute ihn aufmerksam an. Dann sagte er: »Du bist noch nicht so weit. Komm in drei Jahren wieder.« Der Mann verneigte sich und ging.

Einer seiner Schüler fragte den Meister: »War das nicht zu hart?« Der antwortete: »In Wirklichkeit wird er in zehn Jahren noch nicht so weit sein. Wenn ich das gesagt hätte, das wäre hart gewesen.«

Was ist rechte Rede? Die traditionelle Definition sagt, rechte Rede ist wahr, hilfreich, freundlich und erfolgt zur rechten Zeit.

Was passiert, wenn du bewusst versuchst, so zu reden, dass es wahr, hilfreich, freundlich ist und zur rechten Zeit erfolgt? Du wirst darüber nachdenken, was du sagen willst, wie du es sagst, wie es vermutlich aufgenommen wird und was du dann sagen willst. Diese Art des Denkens führt dazu, dass du aus dem Gespräch herausfällst. Stattdessen wird daraus ein Theaterstück. Du bist so sehr damit beschäftigt, wie du klingen wirst, dass das, was du sagst, gekünstelt und geplant klingt. Oder du bringst keinen Ton heraus.

Viele Menschen, selbst erfahrene Übende, fallen aus dem Gewahrsein heraus, wenn sie reden. Sie sind nicht daran gewöhnt, aufmerksam zu handeln oder zu reden.

Oft übernehmen Gewohnheitsmuster die Führung, sobald du den Mund aufmachst. Wie oft warst du dir darüber im Klaren, was du sagen wolltest, und dann kam es ganz anders heraus? In vielen Situationen weißt du nicht, welche der tausend Stimmen in dir das Sagen hat, bevor du anfängst zu reden. Du weißt es nicht und kannst es auch nicht wissen, bis die Worte aus deinem Mund kommen.

Hör auf den Klang deiner eigenen Stimme, wenn du redest – so als ob du einer anderen Person zuhörst. Es gefällt dir vielleicht nicht, was du hörst. Hör trotzdem zu.

Wenn deine Stimme scharf klingt, weißt du, dass du ärgerlich bist. Klingt deine Stimme wehleidig, weißt du, dass du dich schwach und unsicher fühlst. Du hörst, wenn du jemandem eine Idee verkaufen oder ihn gegen seinen Willen zu etwas verführen willst. (Dann ist da ein Beharren oder ein aufgesetzter Charme in deiner Stimme.) Vielleicht bist du überrascht, dich mit der Stimme deiner Mutter oder deines Vaters reden zu hören und denkst: »Wie merkwürdig. Wo kommt das her? Das bin nicht ich!«

Besonders dann, wenn aus dir wütende, beleidigende, sarkastische, verletzende, herablassende, vorwurfsvolle, unverschämte, grobe, anstößige, abwertende, belanglose oder sinnlose Worte herausströmen, hörst du das sofort und dann hältst du inne.

Du fühlst dich nackt, offen, unbehaglich. Jetzt bist du wieder in der wirklichen Begegnung. Schau dein Gegenüber an. Nimm die Situation auf. Öffne dich allem, was innen und außen geschieht. Und dann fange noch einmal an.

Verwechsle die Übung nicht mit dem Ergebnis. Das Ergebnis ist rechte Rede – Rede, die wahr ist, zur rechten Zeit kommt, leicht anzunehmen ist und sinnvoll. Üben bedeutet hier: ohne Ablenkung, ohne Kontrollwünsche, ohne Aufwand.

»Ohne Ablenkung« bedeutet, in der Begegnung da zu sein, mit allem, was geschieht. Du denkst nicht an etwas anderes.

»Ohne Kontrollwünsche« bedeutet, dass du nicht nachdenkst und strategisch planst, was du wie sagen willst. Was du sagst, erscheint während des Sprechens als Antwort auf die Begegnung mit der anderen Person oder du sagst einfach nichts. Rumi drückt es so aus:

Die weiße Blume wächst in Stille.
Lass deine Zunge diese Stille sein.

»Ohne Aufwand« bedeutet, nichts erreichen zu wollen. Wenn du zum Beispiel ein Gespräch mit einer Freundin oder einem Kollegen hast und meinst, dass sie sich irren, dann antwortest du auf das, was sie sagen, statt zu streiten, und lässt sie die Probleme selbst entdecken, sofern es überhaupt welche gibt.

Das Ergebnis ist rechte Rede. Du sagst, was wahr ist. Du sagst es in einer Weise, dass es gehört werden kann. Du vermeidest jede unnötige Schärfe oder Verletzung. Was du sagst, hat Bedeutung – es bezieht sich auf das, was geschieht oder was besprochen wird.

Warum ist rechte Rede so wichtig? Die meisten deiner Beziehungen laufen übers Reden. Bist du nicht da und wach, wenn du redest, bist du nicht da und wach in diesen Beziehungen.

35

Werden reaktive Emotionen stärker,
nutzen Hilfsmittel wenig.
Bist du präsent und wach, nutzt du Hilfsmittel als Waffe
und zerstörst reaktive Emotionen gleich, wenn sie auftauchen.
Das ist die Übung eines Bodhisattva.

Fälle reaktive Emotionen mit der Axt der Einsicht!

Zerschmettere sie mit der Waffe der Aufmerksamkeit! Vernichte sie durch Liebe und Güte! Mache sie dem Erdboden gleich mit der Dampfwalze der Leerheit!

Wäre es nicht wunderbar, wenn du das wirklich tun könntest – reaktive Emotionen in Stücke sprengen und sie ein für allemal loswerden? So funktioniert es leider nicht. Wenn du sie direkt angreifst, verschwinden sie, passen sich an und kommen zurück. Rohe Gewalt hilft selten. Du kannst reaktive Emotionen nicht töten. Sie leben nicht. Sie haben kein Bewusstsein.

Der Vers ist Poesie, eine Metapher. Die Metapher ist der Krieg, der nicht selten war in den buddhistischen Kulturen des Mittelalters.[33] Metaphern sind hilfreich, denn sie schneiden deinen Verstand ab und berühren dich unmittelbar. Was ist die Botschaft der Metapher?

Krieg ist etwas sehr Ernstes. Du kämpfst um dein Leben, um das Wohlergehen derer, die dir nahestehen, um die Welt, in der du leben willst. Das braucht all deine Ressourcen: alle Kraft und Fähigkeiten, Aufmerksamkeit, allen Mut und alle Entschlossenheit. Um von deinen reaktiven Emotionen frei zu werden, musst du ebenfalls all deine Kraft, alle Fähigkeiten, alle Aufmerksamkeit, all deinen Mut und deine Entschlossenheit einsetzen.

Doch Metaphern haben Grenzen. Die Metapher vom Krieg vermittelt, welche Kraft du brauchst. Aber sie vermittelt dir

33 Siehe Fußnote 6, Seite 20.

nicht die Feinheiten, wie du hilfreich mit reaktiven Emotionen arbeiten kannst.

Muster sind Überlebensexperten oder genauer Experten der Beharrlichkeit. Sie sind entstanden als Bewältigungsstrategien, um in schwierigen Situationen zu überleben. Dann entwickelten sie sich zu komplexen Mechanismen, die stur auf jede Situation, die bedrohlich sein könnte, in gleicher Weise reagieren. Sie sind programmierte Kämpfer.

Kannst du deine Aufmerksamkeit als Knüppel benutzen und die reaktiven Muster in kleine Stücke zerschlagen? Gewalt erzeugt Gegengewalt, und deine Muster sind darin besser als du. Sie sind in Gewaltsituationen entstanden, die deine ganze Existenz bedrohten. Sie haben kein Mitgefühl, kein Gewissen und kein Bewusstsein. Sie laufen einfach ab, es sind unbarmherzige, blinde Mechanismen, und sie werden bei einem Gefühl der Bedrohung ausgelöst. Sie schauen aus der Vergangenheit in die Welt und handeln dementsprechend.

Sie sind zu deinem Schutz entstanden, aber sie haben kein Bewusstsein; sie wissen nicht, wer du bist und wie dein Leben jetzt aussieht. Wenn du wach und bewusst bist, sind sie nicht aktiv, denn Aufmerksamkeit und Gewahrsein blockieren ihr Funktionieren. Sie tauchen auf, wenn du abgelenkt bist und sie am wenigsten erwartest.

Stellst du dich ihnen direkt in den Weg, hauen sie deine Heilmittel in Stücke und schlucken alle Energie, die in deinem Bemühen steckt. Am Ende sind sie stärker als vorher und du agierst noch reaktiver.

Wie kannst du also die Verantwortung für dein Leben

und für dein menschliches Erbe übernehmen, ohne die Überlebensmechanismen auszulösen, die in den Mustern liegen? Wie kannst du all deine Kraft, Fähigkeiten, deinen Mut und deine Entschlossenheit einsetzen?

Nimm eine reaktive Emotion, die du gut kennst – Wut, Stolz, Gier, Schuldgefühl oder eine andere. Entscheide dich für eine und lass sie hochkommen. Erinnere dich an eine entsprechende Situation oder stell sie dir vor.

Spüre den körperlichen Ausdruck der reaktiven Emotion – Anspannung an der einen oder anderen Stelle des Körpers, weiche Knie, ein dumpfes Gefühl im Magen. Konzentriere dich nicht auf die Empfindungen. Öffne dich nur dafür. Lass deinen ganzen Körper zu einem Feld der Aufmerksamkeit werden und die Empfindungen, die zu der reaktiven Emotion gehören, darin erscheinen. Erlebe sie als Bewegungen in diesem Feld.

Unterschiedliche Empfindungen werden nach deiner Aufmerksamkeit greifen. Du wirst Ablenkung erleben. Früher oder später merkst du, dass du abgelenkt bist. Sobald das geschieht, öffne dich wieder für deinen ganzen Körper und lasse die Empfindungen da sein – wie Blätter im Wind wirbeln.

Kommen reaktive Emotionen erst einmal in Fahrt, laufen sie einfach ab. Sie beanspruchen deine ganze Aufmerksamkeit und alle Versuche, das zu verändern, sind wie ein laues Lüftchen. Bemerkst du die reaktive Emotion früher, hast du mehr Möglichkeiten – deshalb brauchst du Aufmerksamkeit und Wachsamkeit.

Manchmal befreit sich die reaktive Energie von selbst, sobald du sie bemerkst, und es gibt sonst nichts zu tun. Manchmal kannst du das Muster nicht spüren. Es ist zu heiß und weckt zu viel Angst. Die Geschichten vereinnahmen dich. Du verlierst das Gefühl für deinen Körper, bist abgelenkt und verwirrt. Aber das dauert nicht an. Das Muster läuft sich von selbst leer und du bist wieder aufmerksam. Dann fang noch einmal neu an. Vielleicht scheiterst du tausend Mal, bis du die Fähigkeit und Kraft entwickelst, in der Situation präsent zu bleiben. Aus dem Grund spricht man von Üben. Aus dem Grund brauchst du Entschlossenheit. Die Muster sind Geister aus der Vergangenheit. Sie können dich heute nicht mehr verletzen, obwohl es sich für dich so anfühlt, als ginge es um dein Leben. Deswegen brauchst du Mut.

Irgendwann erlebst du die Reaktion körperlich und emotional nahezu frei von Geschichten und Assoziationen. Du erlebst lange festgehaltene Gefühle, die du noch nie bemerkt hast. Das ist oft unangenehm, schmerzhaft und erschreckend, doch auch erleichternd – alles gleichzeitig.

Wie »besiegst« du also eine reaktive Emotion? Indem du sie in dir ablaufen lässt und sie vollständig im Feld der Aufmerksamkeit und des Gewahrseins erlebst. Sie erscheint, wühlt dich mit ihrer Wildheit auf und geht dann vorbei – erst ein furchterregender Geist, dann ein Windstoß, dann nichts.

36

In Kürze: Prüfe bei allem, was du tust, deinen Geist,
in jedem Augenblick. Sei immer präsent und wach.
So hilfst du allen Wesen.
Das ist die Übung eines Bodhisattva.

Verse der Erinnerung.

Tokmé Zongpo schrieb diese Verse als Erinnerung für seine eigene Übung. Es ist also kein Wunder, dass er uns am Schluss daran erinnert, dass Aufmerksamkeit und Gewahrsein wesentlich sind.

Die Welt offenbart sich nicht durch Denken. Es ist der Gipfel menschlicher Arroganz zu glauben, was du denkst, habe irgendeine Wirkung auf die Welt oder das Universum. Geist ist, wie du die Welt erlebst. Nur deine Handlungen haben eine Wirkung.

Du denkst, du entscheidest, was du tust. Du denkst, du handelst. Du denkst, du kontrollierst dein Leben und das von anderen, wenn du nur stark, kraftvoll oder raffiniert genug bist. Das sind alles Mythen.

Was du tust, wird nicht von deinem Denken bestimmt. Die meiste Zeit leiten reaktive Muster dein Handeln. Das Denken und auch die Erfahrung, Entscheidungen zu treffen, sind Teil des Musters. Denken kommt oft erst hinterher und hat nur am Rande mit der Handlung selbst zu tun.

Denken steht immer im Dienst des einen oder anderen

Musters. Oft rechtfertigt oder erklärt es das Muster, nachdem diese Körper, Herz und Geist übernommen und Handlungen ausgelöst hat. Eine Entscheidung ist in vielen Fällen einfach eine Erfahrung, eine Reihe von Gedanken, Gefühlen, Empfindungen, die eine Handlung begleiten. Du denkst, du entscheidest, was du tust, doch das ist nicht der Fall.

Wenn du etwas Unerwartetes erlebst – deine Freundin macht Schluss, ein Freund zweifelt deine Integrität an, du gewinnst im Lotto –, entsteht ein Wirbelwind von Gedanken und Geschichten. Du kannst keinen klaren Gedanken mehr fassen. Verletztsein oder Scham, Aufregung oder Angst überwältigen dich. Du schnappst nach Luft. Dein Herz klopft. Du tobst herum, versetzt deine Freundin in Angst und Schrecken. Oder etwas verschließt sich in dir und du sprichst nie wieder mit deinem Freund. Du gehst groß einkaufen und kaufst Dinge, die du nicht brauchst.

Hast du einen dieser Gedanken, eines dieser Gefühle oder eine dieser Körperreaktionen selbst gemacht? Was genau hast du hier entschieden?

Denke an ein einfaches Beispiel, ein Kreuzworträtsel. Du liest die Definition für eines der gesuchten Wörter und hast ein paar Buchstaben als Hinweise. Du denkst an alle möglichen Wörter, aber keines passt. Du bist blockiert. Dann machst du eine Pause, kochst dir einen Kaffee und plötzlich fällt dir das Wort ein, nach dem du gesucht hast. Hast du das gemacht?

Heutzutage sind viele davon überzeugt, die Schöpfer ihres Lebens zu sein. Wenn eine Situation nicht so läuft, wie erwartet oder gewünscht, suchst du nach dem Fehler und nach dem Schuldigen. Du suchst nach einer Erklärung, die bestätigt, dass du die Urheberin deiner Welt bist.

Wenn du wirklich hinschaust, was in deinem Geist geschieht, siehst du, dass verschiedene Arten von Gedanken, Gefühlen und Impulsen gleichzeitig erscheinen. Auf einige reagierst du, auf andere nicht. Wer oder was entscheidet? Was lässt den einen Impuls zu einer Handlung werden und den anderen nicht?

Sobald eine reaktive Emotion ausgelöst wird, färbt sie deine Sicht auf die Welt. Dagegen kannst du nichts tun. Alles, was du dann tust, macht Sinn in dieser Weltsicht, selbst wenn es in der Welt als Ganzer keinen Sinn ergibt. Etwa achtundneunzig bis neunundneunzig Prozent deiner Gedanken und Gefühle kommen aufgrund des einen oder anderen Reaktionsmusters hoch. Die einzige Möglichkeit, die störende Wirkung der Muster zu verringern, besteht darin, so aufmerksam wie möglich für deine Erfahrung zu sein. Zweifle daher alles an, was in deinem Geist erscheint. Glaube nichts davon.

In komplexen Situationen werden viele Muster gleichzeitig ausgelöst. Widersprüchliche Gedanken und Vorstellungen jagen durch deinen Geist. Widersprüchliche Gefühle zerreißen dein Herz. Dein Köper bewegt sich erst in die eine Richtung, dann in eine andere. Muster und Identitäten kämpfen um ihr Bestehen. Diesen Kampf erlebst du als Aufruhr, Unsicherheit und Unentschiedenheit.

Auf ähnliche Weise entstehen völlige Gewissheit und starre Entscheidungen. Du kannst dir keine andere Möglichkeit vorstellen und überlegen, was nötig wäre, weil dein ganzes Denken im Dienst eines Musters steht.

Wenn Situationen schwierig sind, bleibe im Chaos sitzen. Nutze die Methoden und Übungen, die beschrieben wurden, um zur Aufmerksamkeit zurückzukehren, bis du eine offene Klarheit, eine klare Offenheit findest – und zwar im Chaos, nicht getrennt davon.

Klarheit bedeutet, du erlebst, was klar erscheint. Gedanken und Gefühle tauchen auf, wie Bilder in einem Spiegel. Wenn du den Spiegel anschaust, siehst du nicht den Spiegel, sondern die Spiegelbilder. Wenn du weißt, dass die Bilder im Spiegel Spiegelbilder sind und nicht tatsächliche Objekte, dann weißt du, dass du in einen Spiegel schaust. Genauso ist es mit Gedanken und Gefühlen. Wenn du weißt, dass Gedanken und Gefühle Gedanken und Gefühle sind, weißt du, dass du in deinen Geist schaust. Das ist Klarheit.

Offenheit bedeutet, frei von Vorurteilen und Verwirrung zu schauen. Unterdrücke oder ignoriere nichts, was auftaucht, ob innen oder außen. Betrachte alles, was du erlebst, wie einen Traum. Doch erkenne gleichzeitig das, was ist. Verwechsle nicht das eine mit dem anderen – erlebe jeden Teil des Traums intensiv und eindeutig.

Die Intensität deiner Gedanken und Gefühle wird geringer, weil du des Raums, in dem du und sie erscheinen, gewahr bist. Wie Stille und Klang oder Ruhe und Bewegung sind die Gedanken nicht getrennt vom offenen Raum des Gewahrseins. Du spürst weiterhin alles, aber du haderst nicht mehr damit. Das ist nicht einfach, denn sobald du auch nur ein wenig abgelenkt bist, verlierst du die Aufmerksamkeit und gehst wieder im Ganzen unter. Komm dann wieder zurück zur offenen Klarheit und ruhe im Chaos, bis du ein zeitloses Gewahrsein bemerkst, das du bist und doch nicht bist. Du bist es, denn du bist gewahr. Du bist es nicht, denn »du« als etwas Getrenntes existierst nicht.

Im zeitlosen Gewahrsein erscheint ein Wissen, das nicht begrifflich ist. Es wird nicht von Reaktionen oder Mustern getrieben. Es erscheint, wenn du dem, was gerade jetzt in deinem Leben geschieht, begegnest, dich ihm öffnest, es verstehst und annimmst. Du erkennst nicht durch Denken, wo die Balance fehlt, sondern eher durch die direkte Erfahrung. Und du weißt, was zu tun ist, um die Balance wieder zu finden. Dein Körper drückt im Handeln dieses Wissen aus.

So tust du, was anderen hilft. Mitgefühl ist hier Resultat, nicht Methode. Wenn du nicht darüber nachdenkst, wie du anderen helfen kannst, wenn du nicht versuchst, etwas zu sein oder zu tun, antwortest du auf die Notwendigkeit, auf das Ungleichgewicht und auf den Schmerz der Welt in jedem Augenblick.

37

Um mit der Weisheit, frei von den drei Zuschreibungen,
das Leid der zahllosen Wesen zu vertreiben,
widme alle Verdienste dieser Bemühungen dem Erwachen.
Das ist die Übung eines Bodhisattva.

Gib alle Hoffnung auf.

Halte nicht an der kleinsten Hoffnung oder an dem Wunsch fest, dass dir deine Praxis nutzen soll. Lass das alles los – ganz und gar. Du fühlst dich gut mit dem, was du getan hast. Wenn du aber daran festhältst, lebst du in der Vergangenheit und nicht in der Gegenwart. Lass alles los, auch das Gute, das du tust.

Du möchtest gerne an die Vorstellung glauben, dass du das Gute dem Erwachen anderer widmen kannst und dass dir das auch selbst irgendwie helfen wird. Wortwörtlich genommen sind diese Vorstellungen Ammenmärchen. Wenn du sie nimmst, wie sie gemeint sind, können sie dich tief in die Ganzheit der Erfahrung führen, dahin, wo Worte nicht hingelangen. Und doch kannst du vollständig und vorbehaltlos auf den Schmerz der Welt antworten.

Der Bodhisattva-Weg ist ein Weg ohne Bezugspunkte. Es gibt überhaupt keine Bezugspunkte – weder das Gute noch Erwachen, und auch nicht Leerheit. Nichts. Dein Handeln kommt aus der offenen Klarheit des Gewahrseins, nicht aus Gedanken und Gefühlen.

Nimm dir noch einmal einen Moment lang Zeit und überlege, wie das Üben dein Leben beeinflusst und vielleicht verändert hat. Oder denke darüber nach, was du durch das Lesen dieser Hinweise gelernt oder verstanden hast.

Und nun widme das Gute dem Erwachen – so wie es im Vers heißt. Denke an alle Wesen, an all die Tausenden, Millionen und Milliarden Wesen in der Welt. Denke daran, wie sie alle in ihrem Leben um Essen und Wasser, um ein Dach über dem Kopf und um Sicherheit kämpfen. Stell dir vor, dass du alles Gute, was du in deinem Leben geschaffen hast, ihrem Wohlergehen widmest. Behalte nichts davon für dich zurück. Alles gelangt zu ihnen.

Wenn du das tust, spürst du vielleicht einen kleinen Stich im Herzen. Spüre das Stechen und den Wunsch, am liebsten etwas von dem Nutzen für dich zu behalten. Wenn du das spürst, widme erneut alles Gute dem Wohlergehen aller Wesen. Lass alles los. Lass alles zu ihnen gelangen.

Wenn das Gefühl des Widmens klar und stark ist, erkenne, dass es keine anderen Wesen gibt, dass es nichts gibt, was gewidmet werden kann und dass kein Widmen geschieht. Das sind alles Gedanken und Vorstellungen, mit denen du dich auf die Erfahrung des Augenblicks beziehst. Ruhe darin.

Einerseits bleibt alles beim Alten, aber auf eine ganz wunderbare Weise. Alles fällt ab und du bist da. Wach und da, frei von den drei Zuschreibungen.

Quelle

Ich folge den Lehren der Heiligen in den Schriften der Sutren, Tantras und ihren Kommentaren und schrieb *Die 37 Übungen der Bodhisattvas* für die, die auf diesem Weg üben wollen.

Nun sind wir am Ende angekommen.

In deinen Händen hältst du die Essenz des Bodhisattva-Weges, dargelegt von einem intelligenten und hingebungsvollen Yogi aus dem Tibet des 14. Jhd. Ein traditioneller Weg, eine systematische Abfolge von Übungen, wie sie von dem indischen Meister Atisha im 11. Jhd. eingeführt wurde. Eine Übungsreihe, die in den unterschiedlichen buddhistischen Traditionen Tibets zu einem Modell für den Bodhisattva-Weg wurde.

Tokmé Zongpo bezieht sich in seinem Gedicht auf traditionelle Lehren – auf Sutren, Tantras und Kommentare – und auf seine eigene Schulung und seine Erfahrung, auch wenn er das nicht ausdrücklich erwähnt.

Dieser Weg war sein Leben. Aus seiner Lebensgeschichte geht hervor, dass er nicht nach Ruhm, Anerkennung, Reichtum oder Unsterblichkeit strebte. Er nahm sich die Lehren zu Herzen und lebte sie, so gut er konnte. Er schrieb sie nieder, für sich selbst, aber auch für andere.

Ein Ende ist auch ein neuer Anfang.
Was willst du jetzt tun?

Da mein Verstand begrenzt ist und meine Bildung gering,
sind diese Verse nicht von der Art,
wie die Gelehrten sie schätzen.
Da ich mich aber auf die Lehren der Sutren
und der Edlen stützte, vertraue ich darauf,
dass *Die Übungen der Bodhisattvas* Hand und Fuß haben.

Schreiben ist immer ein Wagnis.

Versetze dich an die Stelle von Tokmé Zongpo. Einerseits gibt es das Beispiel derer, die den Weg vor dir gegangen sind. Zeit, Kultur, Politik und viele weitere Faktoren filtern, was du verstehen, studieren, lernen und üben kannst. Du setzt dich den allerbesten der früheren Meister aus, dem Besten, was gelebt wurde. Du kannst dir nicht vorstellen, wie irgendetwas, was du tust, sagst oder schreibst, damit vergleichbar sein könnte.

Andererseits gibt es dein eigenes Leben. Du weißt, worum es dir in deinem Üben geht, doch du spürst eine Spannung zwischen der Überlieferung der alten Meister und dem, was du brauchst, um heute üben zu können. Was tust du?

Tokmé Zongpo schrieb diese 37 Verse im Rückblick auf das, was er gelernt und durch eigenes Üben erfahren hatte, als Hilfe für sein eigenes Bemühen. Du könntest etwas Ähnliches tun. Du musst nicht 37 Verse schreiben, vielleicht drei oder fünf oder 16. Oder du fängst einfach an zu schreiben und wenn du fertig bist, bist du fertig. Was hast du über das

Üben gelernt? Welche Erinnerungshilfen schreibst du für dich selbst auf?

Mängel

Da es mir mit meinem begrenzten Verstand schwerfällt,
die Tiefe der großen Wogen des Bodhisattva-Verhaltens
zu ergründen, bitte ich die Ehrwürdigen, alle meine Fehler
zu tolerieren, und auch alle Widersprüche und dergleichen.

Ein bisschen Bescheidenheit führt weit.

Du hältst dich vielleicht für die intelligenteste Person im Raum, die mit der meisten Erfahrung, die stärkste ... oder was auch immer. Dennoch gibt es immer etwas, was andere besser können, etwas, was dir fehlt, und Tiefen, die du noch nicht ergründet hast.

Fortschritte beim Üben geschehen nicht linear. Manchmal gleicht das Üben eher einem Stolpern von einer Einsicht zur nächsten. Nach Monaten oder Jahren der Bemühung löst ein einziger Satz oder ein unerwarteter Ton plötzlich eine neue Einsicht oder eine tiefgründige Öffnung aus. Du dachtest, du habest eine Zeile oder einen Vers verstanden. Plötzlich enthüllen sich verborgene Dimensionen. Dein vorheriges Verständnis ist nicht falsch. Du siehst nun aber, dass es die Facette eines Juwels ist, das viele Facetten hat.

Deshalb gibt Tokmé Zongpo beim Verfassen der Verse nicht vor, er habe die traditionellen Lehren in allen Tiefen ausgelotet oder könne vollständig würdigen, was andere vor ihm getan haben. Vielmehr bittet er die Meister früherer Zeiten, geduldig mit ihm zu sein. Es ist das, was er jetzt verstanden hat. Morgen kann es anders sein.

Es ist wichtig, zu wissen, was du weißt, und dieses Wissen anzuerkennen. Es ist genauso wichtig, zu wissen, was du nicht weißt, und auch das anzuerkennen.

Was tust du, wenn du einen Fehler machst? Wie reagierst du auf eine Rückmeldung? Oder auf Kritik? Bevor du deine Position, deinen Ruf, deine Sicht oder deine Identität verteidigst, höre zu, was andere zu sagen haben. Höre zu.

Du kannst etwas lernen und es kann wichtig sein. Wenn du einen Fehler gemacht hast, verschleiere ihn nicht. Verstecke ihn nicht. Es braucht dir nicht peinlich zu sein. Du bist die einzige Person, die geglaubt hat, du seist vollkommen.

Fehler geben dir die Möglichkeit, etwas zu lernen, was du nicht gewusst hast und wovon du vielleicht noch nicht einmal wusstest, dass du es nicht wusstest.

Ein bisschen Bescheidenheit führt weit.

Widmung

Mögen durch die Verdienste dieser Arbeit
alle Wesen erwachen,
zu dem, was erscheint, und zu dem, was wahr ist.
Mögen sie die beiden Extreme
von Existenz und Frieden vermeiden.
Mögen sie alle dem Großen Mitfühlenden gleich werden.

Du lebst inmitten der Erscheinung von Dingen.

Und du hältst sie für wahr, obwohl sie nur wahr zu sein scheinen. Die Herausforderung besteht darin, den Unterschied zwischen Behälter und Inhalt zu kennen.

Was du bist, können Worte nicht fassen. Was mit Worten zu fassen und zu beschreiben ist, was geteilt oder womit gehandelt werden kann, betrifft bloß die Erscheinung von Dingen, nicht das, was du bist. Du musst beides kennen – die Erscheinung der Dinge und dass es nichts jenseits der Erscheinung der Dinge gibt.

Das ist ein Mysterium.

Wenn du das Wunder annimmst, suchst du weder nach Sicherheit noch nach Fluchtmöglichkeiten, weder die Illusion von Kontrolle noch die Illusion der Transzendenz.

Wenn du erkennst, dass es nichts gibt außer der Erfahrung, die Leben heißt, gibt es nichts zu tun, als das Leben mit seiner ganzen Komplexität und Schlichtheit, mit all seiner Freude und seinem Schmerz anzunehmen. Wenn du verstehst, warum und wie alle mit dem Leben hadern, dann besteht dein einziger Wunsch darin, dass auch sie Freiheit finden mögen. Die Freiheit, wie sie Avalokiteshvara verkörpert. Die Freiheit des großen Mitgefühls.

Danksagung

So wie ein Theaterstück nicht nur das Werk eines Schriftstellers ist, ist ein Buch nicht nur das Werk eines Autors. Ich wäre nie auf die Idee gekommen, ein Buch zu schreiben, wenn nicht einige Leute eine Reihe von Email-Briefen gesammelt hätten. Ich hatte sie im Herbst 2010 zu schreiben begonnen, und die Leute baten mich, sie in Buchform zu veröffentlichen. Ermutigt durch diese Bitte überarbeitete ich 2011 meine Kommentare und schloss die erste Fassung des Manuskripts im Frühjahr 2012 ab.

Die gründliche Überarbeitung und die Vorschläge von Janaki Symon trugen dazu bei, dem Entwurf Leben einzuhauchen. Die Kommentare von Ruth Gilberts und Jon Parmenter klärten einige wichtige Punkte. Ann Braun, Rik Jespersen und Shawn Woodyard machten viele nützliche Vorschläge. Christy Stebbins und Andy McLellan kümmerten sich um die letzte Durchsicht und verbesserten viele Passagen. Valerie Brewster kümmerte sich um Layout und Umschlag für alle drei Versionen, für Hardcover, Taschenbuch und E-Books. Ich danke ihnen allen für ihren Einsatz.

Mein Dank geht auch an Diego Sobol und Majda Juri, Ann Braun und Claire Wheatley und an Jaynn und Harold Kushner, die mir einen ruhigen und bequemen Ort zur Verfügung stellten, wo ich die Endfassung fertigstellen konnte.

Ken McLeod

Über den Autor

Ken McLeod befasst sich seit über vierzig Jahren mit asiatischen Wegen (einschließlich Buddhismus, Tai Chi und Kampfkünste) und lehrt und berät Menschen seit über zwanzig Jahren. Er ist dafür bekannt, tiefe und subtile Unterweisungen in einer klaren und einfachen Sprache auszudrücken. »Er bringt Sinn und Zweck des Buddhismus so auf den Punkt, ohne ihn zu verflachen, dass Neulinge einen Zugang bekommen«, schreibt Phil Catalfo (*Yoga-Journal,* Juli 2001) in der Besprechung seines ersten Buches *Wake Up to Your Life.*

1948 in England geboren und in Kanada aufgewachsen, reiste Ken McLeod 1969-70 auf dem Landweg nach Indien, einen großen Teil des Weges auf dem Fahrrad. Dort begegnete er seinem wichtigsten Lehrer, Kalu Rinpoche. McLeod übersetzte ihn in Indien und bei den ersten beiden Lehrreisen in Nordamerika. Nach Abschluss von zwei Dreijahres-Klausuren wurde er autorisiert zu lehren und er tat dies in Los Angeles. In den 1990er Jahren gründete er *Unfettered Mind* (kreativer Geist oder Geist ohne Fesseln), für Menschen, die ihren Weg außerhalb bestehender Zentren und Institutionen gehen wollen.

1996 überraschte McLeod die buddhistische Welt mit seinem Ansatz einer Eins-zu-eins-Beratung für die Praxis. Zusätzlich zu seinen Kursen und Retreats entwickelte er ein Trainingsprogramm für buddhistische Lehrerinnen und Lehrer und war Mentor für einige, die gerade mit dem Unterrichten begannen. Das führt er informell weiter.

1999 gründete McLeod ein Beratungsunternehmen für Führungskräfte, Teams und Einzelpersonen.

McLeod ist Autor von *A Trackless Path: A commentary on the great completion (dzogchen) teaching of Jigmé Lingpa's Revelations of Ever-present Good; An Arror to the Heart: An Commentary on the Heart Sutra; Wake Up To Your Life: Discovering the Buddhist Path of Attention.*

Glossar

Avalokiteshvara
Der Buddha des Mitgefühls, wörtlich »Herr über alle Welten«. Bekannt ist er vor allem in der Gestalt mit vier oder mit tausend Armen. In China und Japan wird Avalokiteshvara in weiblicher Gestalt als Kuan Yin bzw. Kannon verehrt.

Bodhisattva
Das Wort *bodhi* bedeutet »Erwachen« und *sattva* »Wesen«. Ein Bodhisattva ist eine Person, die erwacht ist oder das anstrebt. Aus dieser Haltung heraus antwortet man mühelos auf den Schmerz und die Leiden der anderen, so gut wie es im eigenen Leben möglich ist. Mit anderen Worten, ein Bodhisattva lebt Mitgefühl und strahlt es aus.

Dharma
Mehrere Bedeutungen: kleinste Erfahrungseinheit, Anliegen, Lehre, Wirklichkeit, Gesetze usw.

Einsame Verwirklicher
Für den frühen Buddhismus sind das Personen, die ohne Unterweisungen Befreiung erlangen.

Energie
Paramita der Energie oder der »freudigen *Ausdauer*«, *enthusiastic persevearance*. Die deutsche Übersetzung »freudige *Anstrengung*«, *joyful effort*, übersieht den zentralen Punkt, dass es hier nicht um Pflichtgefühl und Leistungsdruck geht, sondern um die *Freude* am heilsamen Tun. Diese Freude ist die Quelle der schier unerschöpflichen Energie der Bodhisattvas.

Fähigkeit, *capacity*
Die Kraft und Ausdauer, die durch Übung und Einsicht entstehen.

Gefühle
Der Buddhismus unterscheidet zwischen körperlichen Empfindungen, Grundgefühlen, *vedana*, als angenehm, unangenehm oder neutral, und reaktiven Emotionen, *klesha* bzw. heilsamen Gefühlen. Ihr Kern sind die vier unermesslichen Haltungen: Freundlichkeit, Mitgefühl, Freude (und Mitfreude) und Gleichmut. Es gibt leider weder im Englischen noch im Deutschen eine klare Unterscheidung dieser Begriffe. Manche verwenden den Begriff Gefühlstönung, *feeling tone*, für *vedana*.

Geist, *mind*, Skrt. *citta*
Das ist ein sehr komplexer und schwer zu übersetzender Begriff. Die buddhistische Tradition unterscheidet zwischen der *Natur* des Geistes, negativ formuliert, der *Leerheit* von Zuschreibung, und positiv formuliert, der *Buddha-Natur*,

und den *Bewegungen* im Geist. Dazu gehören nach buddhistischem Verständnis die fünf Arten von Sinnesbewusstsein, Grundgefühle und reaktive Emotionen, die Fähigkeit zu denken und Konzepte zu bilden und kognitive Muster wie Zeit- und Raumgefühl usw.

Gewahrsein
Der englische Begriff *awareness* bedeutet zum einen »bloßes Bemerken« oder »sich einer Sache bewusst sein« und zum anderen wird er im buddhistischen Kontext auch für tiefe, nichtbegriffliche und nichtduale Weisheit, tib. *rigpa*, verwendet, für das tiefe Wissen, das der Kern unseres Menschseins ist. Gewahrsein ist die Qualität des Wissens und Erkennens, die in jedem Moment der Erfahrung da ist – nicht zu definieren, unbeschreibbar und jenseits von begrifflichem Wissen.

Hörer
Für den frühen Buddhismus sind das Personen, die durch das Hören von Unterweisungen Befreiung erlangen.

Lamrim
Wörtlich Stufenweg, von tib. *lam*, Stufe, und *rim*, Weg. Eine in allen tibetischen Schulen beliebte und verbreitete systematische Anordnung der Lehren des Buddha, die auf Atisha, einen indischen Pandit des 11. Jhd. zurückgeht, der lange in Tibet lebte und lehrte.

Lokeshvara, s. Avalokiteshvara

Mitgefühl
Das Mitgefühl der Bodhisattvas ist kein Gefühl und vor allem kein Mitleid. Es ist eine Qualität des Gewahrseins, das tiefe Wissen, das der Kern unseres Menschseins ist.

Nehmen und Geben, tib. *tonglen*
Dabei stellt man sich vor, den andern ihr Leiden abzunehmen beziehungsweise es anzunehmen oder auf sich zu nehmen und ihnen das eigene Glück zu schenken.

Paramita, Sanskrit
Eine Reihe von (meist sechs) Übungen, die von allen buddhistischen Mahayana-Traditionen gelehrt werden: Großzügigkeit, Ethik, Geduld, Ausdauer, Sammlung, Einsicht, *dana, sila, ksanti, virya, samadhi, prajna*. Die sechs Paramitas sind Übungen, die uns verwandeln. Manche nennen sie Perfektionen, Vollkommenheiten oder transzendierende Handlungen. Wir verwenden in diesem Buch meist den Begriff Paramita.

Sammlung
Die meisten Mahayana-Interpretationen der sechs Paramitas verstehen meditative Stabilität oder Sammlung als die Verbindung von Ruhen und Schauen, *resting and seeing,* und nicht nur als Ruhen.

Suchen und Ruhen
Zwei Phasen des Weges, *questing and resting.*

Nützliche Listen

Drei Weisen des Umgehens mit starken Emotionen
Auf dem buddhistischen Übungsweg gibt es drei Weisen, mit Wut oder anderen starken reaktiven Emotionen zu arbeiten: auflösen, nutzen, umwandeln, *dissolve, employ, transform.*

Drei Zuschreibungen
Sie beziehen sich auf die Person, die handelt, auf die Handlung und auf das Objekt der Handlung. Bei Großzügigkeit sind die drei Zuschreibungen beispielsweise: die Person, die gibt, das Geben und die Gabe.

Vier Folgen
Die Folge des Anhäufens ist Zerstreuung.
Die Folge des Bauens ist Zerfall.
Die Folge der Begegnung ist Trennung.
Die Folge der Geburt ist der Tod.

Vier Sammlungsstufen, Sanskrit *dhyana*, Pali, *jhana*
Traditionell werden vier feinkörperliche und vier nichtkörperliche Sammlungsstufen, *rupa, arupa jhana* beschrieben. Durch sie wird die Aufmerksamkeit immer feiner, subtiler

und kräftiger. Sie beruhigen und stoppen reaktive Emotionen, allerdings nur für die Dauer der Sammlung. Daher braucht es auch tiefe Einsicht, um reaktive Emotionen zu verringern und ganz aufzulösen.

Acht weltliche Anliegen

Die acht weltlichen Anliegen oder Dharmas. Die ersten vier sind: das Bemühen um Status und Besitz, Ansehen und angenehme Gefühle. Die nächsten vier sind die Angst vor ihrem Verlust. Sie sind für die meisten Menschen die wichtigsten Anliegen im Leben und daher Auslöser der meisten Sorgen und Ängste.